GÉOMÉTRIE CLASSIQUE
et MATHÉMATIQUES MODERNES

Actualités scientifiques et industrielles 1398

Formation des enseignants et formation continue

Brigitte Sénéchal

GÉOMÉTRIE CLASSIQUE et MATHÉMATIQUES MODERNES

SUPPORT RÉEL

Hermann

BRIGITTE ROZOY-SENECHAL, née en 1948, agrégée de mathématiques est assistante à l'Université de Caen. Elle a dirigé de 1976 à 1979 l'IREM de Basse-Normandie. Ses travaux portent principalement sur la géométrie différentielle et l'enseignement des mathématiques.

ISBN 2 7056 1398 6

© 1979, HERMANN, 293 rue Lecourbe 75015 Paris

TABLE

PRÉFACE

Cet ouvrage est issu des pratiques pédagogiques qui animent le courant de pensée de certains lieux d'enseignement et de recherches, peut-être plus ouverts que les Universités, tels notamment les Instituts de recherche sur l'enseignement des mathématiques, désignés par le vocable IREM.

Il entend, de façon modeste, restituer l'enseignement de la géométrie classique dans celui, plus général, des mathématiques ; partie intégrante et révélatrice de l'activité mathématique, la géométrie apporte en effet à celle-ci des supports concrets, riches d'explications claires.

Deux volumes de la même collection, celui-ci et Groupes et géométries, se complètent.

REMERCIEMENTS

L'auteur exprime ses remerciements aux étudiants, enseignants, collègues et instances grâce à qui cet ouvrage a pu naître et en particulier Jean-Paul Benedetti et François Bordet, Rudolph Bkouche, Bernard Charlot, Yves Chevallard, Jean Giraud, Eric Lehman, Jean-Louis Ovaert et Maurice Glaymann ; sans omettre les collaborateurs dont l'apport technique a été précieux : Isabelle Buchart, Ginette Dubois, Jacqueline Faride, François Quiquemelle, Alice Revel et Marie-Claude Vernet.

L'APPRENTISSAGE DES MATHÉMATIQUES

Extrait de : l'Ivre de Pierre

POURQUOI CE LIVRE?

L'APPRENTISSAGE DES MATHEMATIQUES

Outil d'appréhension de notre monde, source d'activités pédagogiques diverses, modèle simple et facile d'accès des démarches de mathématisation, la géométrie élémentaire se présente comme un domaine exemplaire de l'apprentissage mathématique. Elle a pourtant pratiquement disparu de l'enseignement au niveau secondaire comme au niveau supérieur. Méprisée par la plupart des enseignants pour ne pas faire partie de théories nobles, elle mérite d'être réhabilitée. Elle fournit aux étudiants un instrument de connaissance du monde environnant et un outil d'approche de l'univers physique.

A de nombreux enseignants la géométrie apparaît aujourd'hui comme un exercice d'application de l'algèbre linéaire, ce qui est absurde car les routes qui relient celle-ci à la géométrie si elles sont réelles sont malaisées à déchiffrer non seulement pour les étudiants. C'est une conséquence de la tendance actuelle de l'enseignement français des mathématiques que de ramener la compréhension des phénomènes à la seule connaissance de leurs structures. Pourtant, il n'y a pas de cloison rigide entre les diverses disciplines et l'enseignement de la mathématique s'appauvrit en ne prenant pas en cause l'existence et les besoins d'autres domaines. De même l'activité mathématique elle-même ne peut être réduite à l'exposé linéaire d'une théorie achevée. Les interactions possibles offrent aussitôt passées une phase de manipulation, la jonction d'un univers réel et d'un univers mathématique, puis démontre des nécessités de mise en ordre partiel des éléments d'analyse qui aboutissent à une synthèse finale et à une présentation globale et cohérente du monde.

Euclide disait qu'en géométrie il n'y a pas de "voie royale" parce qu'on ne peut en effet faire l'économie d'un des éléments de la chaîne : il n'y a pas de synthèse sans analyse préalable, pas d'abstraction à partir du vide.

En pratiquant un enseignement de géométrie dite classique en première année d'université, mon propos était de favoriser le développement d'une réelle activité mathématique et de donner aux étudiants les moyens de l'appréhender.

L'ACTIVITE SCIENTIFIQUE

Justifier l'activité scientifique, expliquer le déroulement des opérations intellectuelles, est une tâche immense. Il serait absurde, à la suite de Vinci, de Pascal, de Valéry ou de grands contemporains, de se lancer dans cette voie. Il est nécessaire pourtant de rappeler quelques évidences, pas toujours bien entendues.

Les connaissances s'insèrent les unes dans les autres ; elles se commandent et se contraignent. Les frontières des domaines d'investigation, qui pourtant ont leur spécifité propre, sont elles mal définies. Pascal est autant philosophe que mathématicien et Newton autant mathématicien que physicien. Selon sa propre origine intellectuelle, comme selon la finalité proposée, la mathématique revêt un contour différent et constitue un terrain d'activité intellectuelle aux voies diverses, au travers desquelles l'enseignant se devra d'évoluer.

Une tendance consiste actuellement à ne considérer les mathématiques que comme une théorie, presque idéale, en oubliant que ses aspects théoriques n'ont été acquis que grâce à la résolution, successive, au cours des millénaires, de problèmes. C'est cette interférence qui constitue un des aspects propres à la mathématique, puisqu'à aucun moment ni à aucun stade la théorie et la pratique même reniées par leur exploitant, ne pourront être dissociées. Les exemples sont innombrables où la théorie ne peut ni infirmer ni confirmer la pratique et reste pourtant incluse dans l'usage de celle-ci, tout comme il n'est pas de théorie de si haut niveau soit-elle qui - voyez comme toute autre démonstration est appuyée de théorème - puisse se passer de résolution. La juxtaposition dynamique de cette double

démarche du concret et du théorique, est caractéristique du travail mathématique ; l'image de cet échange dialectique constant est indispensable à une
perception exacte de cette activité intellectuelle et, partant, bien sûr,
à son enseignement.

Pour ne pas être présentée comme une théorie globale finie et fermée,
la mathématique enseignée n'en est pas moins susceptible d'être déductive.
La méthode déductive - qui n'est pas particulière d'ailleurs aux mathématiques -, consiste à établir des propositions nouvelles à partir de propo-
sotions admises, suivant des règles précises, clairement et exactement
définies et limitées à un champ précis ; elle se distingue de l'axiomatisa-
tion qui est une re-création de la théorie - à partir de connaissances
acquises le plus souvent par la méthode déductive - et servie "ex-cathedra",
sans rappel du travail grâce auquel elle a été obtenue.

L'invasion "structuralo-axiomatique", signalée par Rudolph Bkouche,
dans les université depuis plusieurs années, a réduit la mathématique à une
connaissance figée au lieu d'insister sur le côté constamment évolutif qu'
elle présente. La rigueur d'une science ne tient qu'à la fermeté des problèmes qu'elle résoud, ou du moins qu'elle aborde, et aux influences extérieures.
Elle ne dépend en aucun cas d'une théorie axiomatique de fondement.

Cependant, et autant au moins que dans d'autres domaines de la connaissance, il importe de ne pas considérer les mathématiques pas plus comme un
ensemble de connaissances que comme un simple mode de résolution de problèmes
(qu'il s'agisse des problèmes les plus idéalement spéculatifs ou les plus
trivialement concrets) : c'est peut être dans le mouvement qu'il faut chercher la substance.

Ainsi c'est peut être à travers les mathématiques que l'on perçoit
avec le plus d'accuité ce délicat concept qu'est la théorisation, matière
vivante, insaisissable charnière entre les techniques de résolution de
problèmes et les prétentions quasi métaphysiques d'ordonnancement des
connaissances.

L'ACTIVITE D'ENSEIGNEMENT

Une fois qu'il aura repéré les écueils sur lesquels se heurtent les démarches mathématiques, l'enseignant tentera, non pas de les ignorer, mais de naviguer entre leurs brisants, dans l'épais brouillard déposé par le problème de leur acquisition par les étudiants.

Il importe qu'ils puissent ressentir combien une théorie n'a d'existence que par la démarche qui la crée : dans la mesure où elle peut se retrouver, elle est opératoire. Un des grands dangers de l'enseignement consiste à croire qu'une théorie ordonnée se comprend ; il n'en est rien. Cet ordre est le résultat de mille approches désordonnées, parfois désespérées, et toujours déconnectées. L'ordre dans lequel une connaissance est présentée ne sert à rien à celui qui n'en a pas exploré lui-même les territoires. Un concept ne s'appréhende pas par la définition rigoureuse qui peut en être donnée. Il ne s'acquiert réellement qu'à travers les aspects concrets qui ont servi à l'élaborer : la définition, stade ultime, n'a pas de valeur pédagogique. Bien plus que de donner des connaissances, il importe d'ouvrir sur le moyen de les acquérir, le goût et le désir de le faire.

Parce qu'on se rappelera tout à la fois que les problèmes sont les moteurs de l'activité mathématique, et qu'*il n'y a pas de problème résolu, mais des problèmes plus ou moins résolus* (J. Leray), on pourra, entre autres moyens utilisés, demander à l'étudiant de se poser ces problèmes !

Cependant, le territoire, de toute façon trop vaste, ne pourra être exploré dans sa totalité : force sera de se limiter à en isoler des ilots épars et multiples ; ils seront ensuite reliés les uns aux autres, pour obtenir petit à petit une sorte de carte, un fil d'Arianne qui, dépassant les problèmes, fera entrevoir les possibilités d'une théorisation. Et comme toute contrée cette théorie admet plusieurs représentations : il sera nécessaire de recommencer à plusieurs reprises le procédé, dressant ainsi de multiples cartes distinctes, un atlas en somme, témoin de ces éclairages divers.

Donc loin de les présenter dans un ordre figé, on fera approcher les mathématiques par des problèmes, à travers l'intuition et le bricolage.

On utilisera systématiquement le support graphique, précédemment exclu de l'enseignement, pour faire s'imprégner des notions étudiées : peu importe, en première approche, de n'être pas capable de se rendre compte de quelque chose, pourvu qu'on puisse s'en imprégner. On peut regarder par exemple l'attitude d'une personne pénétrant dans une pièce pleine de monde, et cherchant à s'y intégrer ; si une méthode consiste à se renseigner sur chacun des assistants, une autre - préférable d'emblée - sera de faire rapidement le tour de l'assistance ; à l'aide de rien, regards, sourires, atmosphère, gestes, notre individu se pénétrera de la personnalité de la plupart, et sera en mesure de participer à l'ambiance. Comme dans l'approche de la connaissance, cette méthode sera non seulement satisfaisante dès sa première utilisation, mais en outre fructueuse parce qu'autorisant rapidement l'approfondissement des éléments vers lesquels on se sentira attiré. Ainsi sera facilitée l'acquisition des connaissances ou de sciences en liaison proche ou lointaine avec les précédentes. Il faudra donc rejeter d'abord, la mathématique comme texte et la privilégier comme activité : accueillir l'intuition, qui consiste, plutôt que de connaître les définitions des choses, à les approcher globalement, même si c'est imparfaitement. Par exemple la continuité d'une application, sa dérivée en un point, se voient bien mieux sur la courbe représentative ; en géométrie classique, il est hors de question de ne pas recourir à une figure. Au lieu de donner des définitions, on continuera à donner des exemples : on fera manipuler longuement des matériaux et des outils autour de notions considérées : ainsi on fera dessiner avec précision plusieurs figures illustrant un même cas. De la même façon on exhibera des cas particuliers, simples et opératoires, les cas généraux étant nettement trop difficiles pour être saisis rapidement. Ainsi, si la solution générale des équations différentielles est difficile, certaines solutions particulières d'équations différentielles simples utilisées par les physiciens dans les premières semaines de cours TD, permettent aux étudiants de vérifier des familles de résultats et d'approcher une connaissance ultérieure de la généralité. Cependant s'il est plus facile, voire indispensable, de s'aider d'une figure pour démontrer une notion quelconque, la vérification sur la figure ne constitue en aucun cas une démonstration.

Après avoir été privé de l'usage de figures, les étudiants qui, ont reçu licence ou conseil de se servir de celle-ci, ont, tendance parfois

à confondre figure et démonstration et à se plier trop aveuglement sur
l'usage de celles-ci : il conviendra de mettre le doigt sur le décollement
entre intuition, bricolage, graphisme et raisonnement formel, fondant
(quoique de l'intérieur) les démonstrations internes aux théories. Une fois
ainsi approchés différents concepts, il faudra encore les faire jouer les
uns par rapport aux autres, et pressentir certaines implications entre eux.
On pourra par exemple donner trois ou quatre définitions possibles d'une
même situation (problématique), chacune éclairant un aspect de la question ;
de la comparaison naitra, pour l'étudiant, un mode d'acquisition d'une
conception plus générale. Ainsi il existe plusieurs définitions des coniques ;
l'une provient d'un problème d'attraction des particules en coordonnées
polaires, d'autres sont données à l'aide des propriétés géométriques élabo-
rées chez les Grecs, etc ... De même la division classique de la division
harmonique issue du stigmatisme du miroir sphérique est difficilement
maniable si on la donne en première approche, elle appellera ensuite une
autre définition algébrique plus large, mais cette définition elle-même
sera insuffisante ; tant que la droite projective ne sera pas introduite,
aucun cadre ne sera réellement satisfaisant. L'étudiant constatera devant
ce problème qu'il est nécessaire d'introduire une autre notion.

Un autre moyen de faire comprendre que les mathématiques ne sont pas
une science figée est de les enseigner en présentant des considérations sur
leur apparition, de les replacer dans leur développement historique. Ceci
ne veut évidemment pas dire qu'il faille enseigner les mathématiques dans
l'ordre où elles ont été découvertes ; cependant la connaissance de cet
ordre peut fort bien renseigner l'enseignant lui-même sur certaines difficultés ayant présidées à l'élaboration de notions, difficultés que l'étudiant pourrait encore rencontrer aujourd'hui. (Quoique l'étudiant n'ayant
pas la même histoire que le mathématicien n'aura pas forcément les mêmes
difficultés). Présentant les choses en référence à l'ordre dans lequel
elles sont apparues, on sera obligé de mettre en lumière les problèmes
à partir desquels les notions ont été acquises.

Ces différentes notions peuvent être mises en œuvre dans tous les
enseignements de la mathématique, avec plus ou moins de bonheur. Un terrain
d'application relativement facile est la géométrie élémentaire. Celle-ci
se révèle en effet peu à peu aux étudiants comme une théorie mathématique

achevée. L'abondance des îlots étudiés est susceptible de dispositions diverses et de développements multiples. Le rapport au réel satisfait chez l'étudiant l'exigence de la référence à une pratique et de la compréhension avant toute recherche et toute formalisation. Les démarches de mathématisation y sont aisées à mettre en évidence de même que la nécessité conjointe de l'intuition et de la rigueur. C'est pourquoi ce premier maillon qui s'enracine dans un terrain riche et ne nécessite pas un long support théorique s'est révélé particulièrement fécond.

Cependant les questions et les écueils relatifs à l'enseignement ne sont pas liés aux seuls contenus, loin s'en faut! Les difficultés auxquelles sont actuellement confrontés les enseignants se situent aussi dans le rôle social de l'école, lié étroitement à la place de l'examen, et dans les origines sociales et culturelles des étudiants.

Examen, situation, applications, etc... sont toujours en aval. Comme dans l'Egypte ancienne où le précepteur expliquait la germination dans les champs de blé à son élève déjà choisi pour un rôle social important, et comme il y a cinquante ans encore dans une société bourgeoise dont les enfants étaient ipsofacto destinés à bénéficier de privilèges, l'enseignement pouvait être gratuit ; le rôle de l'école s'est complètement modifié et l'enseignant est confronté à des contraintes très précises.

L'un des écueils de l'enseignement est la notion d'examen. Il est plus facile de sanctionner une connaissance qu'une intelligence ; on peut demander à un étudiant de résoudre une équation et évaluer si ses résultats sont exacts mais il est plus difficile de savoir s'il a compris la signification de l'équation.

Un enseignant ne peut donc pas négliger l'importance que revêt pour l'étudiant l'examen ; il est donc soumis à toutes les gênes que l'existence de cette donnée de fait apportera. L'étudiant a tendance a demander des recettes qui lui permettront d'affronter l'examen ; l'enseignant a souci de communiquer davantage : des démarches intellectuelles. S'élevant à généralisation, l'enseignant montrera non des recettes mais des méthodes ; l'étudiant aura tendance à apprendre celles-ci par cœur ; elles lui serviront, dans certains cas, mais, les prenant au pied de la lettre, il n'en saisira pas le rôle exemplaire. Ne retenant que l'objet sur lequel l'expli-

cation ou la démonstration aura porté, il négligera souvent l'effort de
transposition qui lui permettrait d'éclairer sa connaissance d'une façon
plus générale.

Parmi les autres difficultés, d'origine relativement récente, auxquelles les enseignants sont confrontés, apparaissent celles provoquées
par la proportion grandissante d'étudiants de nationalités et de langues
étrangères. Il y a tout d'abord un problème de communication du fait d'une
mauvaise connaissance du français ; d'autre part, les règles qui s'appliquent au séjour en France des étudiants étrangers, les obligent à obtenir
dans des délais particulièrement courts et souvent trop courts, des résultats positifs, ce qui rend difficile leur adaptation. La disparité de
leurs formations mathématiques crée elle aussi des hétérogénéités de niveaux.
Ainsi, les étudiants Grecs ont-ils une culture géométrique beaucoup plus
développée que les étudiants Français de même niveau. Un autre obstacle
plus important encore est l'arrière du plan culturel ; et les mentalités
jouent aussi un rôle considérable ; alors que les Africains, par exemple,
entendent les mathématiques dans la même tradition que nous, les peuples
Islamiques ou du moins de nombreux étudiants originaires d'Afrique du
Nord, semblent considérer la connaissance exclusivement comme un moyen
dialectique utile pour convaincre.

Une étude très solide du milieu étudiant serait nécessaire, et
avant d'aller plus avant dans toute recherche et modification sur notre
enseignement, il importe aussi de pressentir ce que eux - étudiants -
sont, désirent, peuvent faire.

Le face à face étudiant - enseignant

Les étudiants réclament des certitudes. Tout comme le déclin de la
foi est ressenti avec angoisse davantage presque par les agnostiques qui
regrettent la disparition d'un champ de certitude, de même les étudiants
veulent voir dans la mathématique une vérité absolue. Une analogie curieuse s'établit d'ailleurs dans l'esprit de quelques étudiants dans la
"pureté" qu'ils souhaitent à la mathématique, un peu comparable à celle
dont est dotée comme attribut la Vierge : la mathématique est pure pour
eux dans la mesure où elle ne se commet pas avec le monde physique.

Cette attitude fréquente est renforcée par un enseignement purement axiomatique ; la pratique du monde physique enlevérait-elle ses qualités à la
science ?
C'est le débat de l'essence des choses, nobles par leur essence divine ou
par leur réalité humaine. La vraie noblesse de la science, et en tous cas
des mathématiques, est certainement l'activité aller-retour qu'elle peut
présenter de la théorie à la pratique, et de la pratique la plus ordinaire
à la théorie la plus idéale ; celle-ci n'ayant, on l'a rappelé, pratiquement pas de valeur propre abstraite des démonstations qui l'ont créée.

L'étudiant a des idées très précises sur la façon dont il voudrait
recevoir l'enseignement mathématique. Il souhaite tout d'abord entendre
des définitions, déconnectées du réel, ayant force de loi ; il faut pour
lui qu'elles soient suivies de démarches logiques qui permettent de les
retrouver et élaborer à partir d'elles divers théorèmes. Ils accepteront
volontiers que les aboutissements de ces théories soient appliquées à des
cas particuliers, lesquels ne sont pas forcément pour eux partie intégrante
de la théorie ; pour eux, ce sont presque des "gadgets" superflus. Cette
dychotomie se retrouve dans la presse qui parle constamment, en les oppo-
sant, de la science et des applications de la science ; rien n'est plus
néfaste et contraire à la réalité. Si l'on veut présenter les mathématiques
comme une activité, il faut éviter les théories a priori et lier sans cesse
la résolution des problèmes à l'élaboration des théories et la certitude
de celles-ci à la démonstration des problèmes ; c'est le va-et-vient déjà
évoqué.

Une fois une théorie vraiment élaborée, souvent au bout de quelques
siècles, elle a indiscutablement une valeur ; même si l'étudiant, et à plus
forte raison l'enseignant, doit se garder de perdre de vue son utilité
pragmatique pour la résolution de problèmes, il serait intéressant de
savoir dans quelle mesure, isolée de toute application, elle n'en aurait
pas moins une valeur absolue, ne serait-ce que comme incitation à d'autres
connaissances. L'exemple des cheminements de la mathématique à la biologie
d'un penseur comme Thom est assez significatif à cet égard.

Souhaitant restituer aux mathématiques leur aspect d'activité, il
convient alors de ne pas présenter des mathématiques actives à des étudiants passifs : il est nécessaire que les étudiants soient motivés, mais

surtout partie prenante dans leur état d'"étudiant". On parle ainsi de
l'autonomie des étudiants, quoique, grisante dans son principe, elle
pose de nombreux problèmes. Comme les étudiants ne jouissent pas de cette
même autonomie dans les autres cadres de leur existence, - famille, autres
études, etc..., - ils sont parfois grisés par celle-ci et déroutés ; par
ailleurs, autonomie ne veut pas dire isolement et l'autonomie n'est conceva-
ble que dans la mesure où, actifs et prêts à s'emparer des enseignements et
de l'aide qu'on leur donnerait, les étudiants se verraient proposer des
directions utiles dans leur travail.

Le rôle de l'assistant doit être d'analyser les comportements, de
tirer partie des possibilités de communication créées dans le groupe pour
ainsi tirer une construction de l'activité, d'être le technicien de cette
organisation et l'avertisseur des périodes de ralentissement ou de dévia-
tion du travail. Malheureusement et d'une façon générale, la pédagogie
na guère cours dans l'enseignement supérieur.
Agrégés ou thesards devenus maîtres n'ont jamais abordé les problèmes de
communication ; souvent confrontés eux-mêmes à de graves difficultés, ils
n'ont pas d'aptitude particulière à résoudre le problème que leur pose le
rôle qui leur échoit. Ceux qui ne rejettent pas la faute de l'incompréhen-
sion sur leur élèves se gardent bien de la rejeter sur eux-mêmes : c'est
dans la mathématique elle-même qu'ils voient la panacée ; ils pensent que
les mathématiques contiennent leur propre modèle d'enseignement et les
appliquent comme un cataplasme. C'est un long travail au contraire qui
s'impose : celui d'étudier les obstacles à la compréhension, obstacles
qui ne recouvrent pas toujours les seules difficultés mathématiques.
C'est à ce prix seulement que nous pourrons espérer progresser ; et si
les tentatives actuelles - dont il est en partie question ici - sont
conscientes de l'ampleur du problème, elles ne sont encore que balbu-
tiantes et ne sont évidemment pas des remèdes miracles.

Une expérience d'enseignement en Deug A1

Cette tentative a été décrite en détails (*), et il serait hors de
propos d'y revenir longuement ici.
Signalons cependant que dans l'expérience conduite à Caen, les enseignants

* Voir [8] : Rapport sur l'enseignement en Deug A1.

de physique et de chimie ont - d'une certaine manière - été à l'origine
de la mise en œuvre des méthodes en question ici. Regrettant que leurs
étudiants ne possédent des connaissances directement utilisables, ils
ont réclamé à leur collègues mathématiciens un enseignement qui aboutisse
à des propriétés plus directement opératoires.

C'était une excellente occasion d'introduire les mathématiques dans
une autre présentation, loin de la seule axiomatique. Ceci se fit souvent
à l'insu d'autres enseignants mathématiciens, petit à petit contraints
à leur tour à ces méthodes, plus en prise directe avec la réalité.

Il fut donc tenté de "faire faire" des mathématiques actives à des
étudiants actifs.
Une autre vision des mathématiques donc, associée à un mode de travail
sur documents et par petits groupes ... ces procédés, devenus courants
dans nos lycées, ont encore fort peu court dans les universités scientifiques, et la tâche est malaisée!

Sans verser dans des exagérations, il est nécessaire de souligner
à quel point le climat des relations existant entre l'enseignant et les
étudiants, et entre ceux-ci, a été essentiel. Il y a là un piège ;
il ne s'agit pas d'accepter n'importe quoi parce qu'on est à l'aise.
Cependant tout apprentissage exige des conditions agréables incluant
l'acceptation d'échanges affectifs. Il importe d'utiliser au maximum
ces données.

La tendance s'est maintenant généralisée de groupes, plus ou moins
restreints, auxquels l'enseignant propose divers documents soigneusement
élaborés à l'avance. Suivant les cas, les étudiants choisissaient eux
mêmes des exercices et les questions qu'ils souhaitaient traiter, ou
suivaient les indications qui leur étaient fournies à cet égard par l'enseignant. L'exposé du sujet au tableau par l'enseignant apporte une varian-
te à ce mode de travail. Ceci permettant de suggérer les exercices les
plus pertinents.
Le fait que les étudiants travaillent tout seuls permet à l'enseignant de
saisir le moment où plusieurs d'entre eux achoppent sur un même problème :
ceci lui sert d'indication pour, au tableau ou autrement, fournir une
explication globale à un problème dont il n'aurait pas su autrement qu'il
était mal compris. Par contre, les difficultés qui ne se manifestent

qu'isolément à un étudiant quelconque seront traitées par l'enseignant directement
avec l'intéressé.

Cette vision des mathématiques et de leur enseignement s'inscrit dans tout
un courant de pensée et de pratique pédagogique, courant qui baigne depuis quelque
années certains lieux d'enseignement et de recherches sur cet enseignement,
notamment les IREM (instituts de recherche sur l'enseignement des mathématiques),
mais qui n'a peut-être fait qu'effleurer les universités.

Dans cet enseignement, dont le principe même est de ne pas comporter
aucune donnée exhaustive, les sujets sont abordés seulement en fonction de certaines expériences propres à éveiller l'attention et l'intérêt des élèves.
Pratiquement dans l'ensemble des connaissances à pourvoir, on découvre et on
analyse un certain nombre d'îlôts dont on montre ensuite les liaisons entre eux.

L'enseignement en Deug A1, dont cette partie géométrie n'est qu'un aspect,
a revêtu des formes multiples, et ce serait le dénaturer que de le limiter aux
documents présentés ici. Ceux-ci ne sont que la trace écrite et graphique de
séquences diversifiées.
Ils sont souvent beaucoup plus dogmatiques que le désir originel qui a présidé
à leur élaboration : en ceci ils répondent aux contraintes globales imposées
par les conditions locales de l'enseignement. Ils sont aussi incomplets, insuffis-
sants, et probablement non exempts d'imprécisions. Enfin, ils portent la marque
implacable de l'oral transféré en écrit : notre propos n'était pas de fermer
les portes à toute intervention du lecteur, mais plutôt de susciter en lui des
interrogations et des démarches. Il fallait donc risquer l'erreur... et pourquoi
pas revendiquer son droit ?

B.S.

Colomby-sur-Thaon, décembre 1978.

DES DOCUMENTS POUR LES ÉTUDIANTS

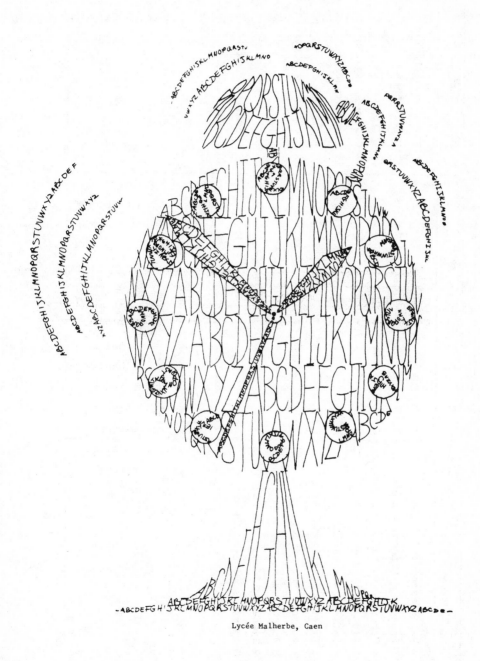

Lycée Malherbe, Caen

Université de Caen

Deug A1 – 1977-78 – Fiches de TD

ALGEBRE	ANALYSE	GEOMETRIE
1 Les complexes	11 Courbes et Surface	21 Division harmonique
2 Groupes – Anneaux – Corps	12 Fonctions usuelles de l'analyse	22 Le triangle
3 Généralités sur les polynomes	13-1 Dérivées (calculs-définitions)	23 Trigonométrie
4 Divisibilité – PPCM	13-2 Dérivées (Th. des Accroissements finis – Applications)	24 Coniques, système de coor.
5 Polynomes – Taylor		25 Transformations ponctuelles
6 Fractions rationnelles	13-3 Dérivées (Généralisation)	26 Le Cercle 1 : Inscrire...
7 Espaces vectoriels	14 Equations différentielles du 2d ordre.	27 Le Cercle 2 : Puissance Faisceaux...
8 Applications linéaires	15 R ; borne supérieure....	28 Le Cercle 3 : Inversion...
9 Système d'équations linéaires	16 Suites	29 Géométrie dans l'espace
10 Matrices – Déterminants	17 Développements limités	30 Groupes et géométries
	18-1 Courbes y = f(x)	
	18-2 Courbes en paramètrique	
	18-3 Courbes en polaire	
	18-4 Courbes F(xy) = 0	
	19-1 Calcul de Primitives	
	19-2 Equations différentielles	
	20 Continuité – Limites– Dérivées	

DOCUMENTS POUR LES ÉTUDIANTS

Les documents qui suivent font partie du matériel utilisé pour l'enseignement de mathématiques de première année (Deug A1), à l'Université de
Caen en 1977-1978 et 1978-1979. Ils s'inscrivent dans un cadre global d'enseignement [8] : leur forme en témoigne et ne saurait en être détachée.

- Les deux thèmes 10 et 11 sont un exemple de documents communiqués
aux étudiants, et qui leur servaient de point de départ pour la préparation
d'un exposé. A titre indicatif, il est donné (12) une liste non exhaustive
des exposés de géométrie qui ont été proposés aux étudiants, exposés qui
ont également fait l'objet d'une documentation fournie.

- Les fiches 1 à 9 ont été utilisées par les étudiants lors de
séquences de travaux dirigés, séquences dont il convient d'expliciter le
fonctionnement.

Le sujet traité était en général l'objet d'une présentation au tableau
par l'enseignant(e), puis l'étudiant y travaillait, seul ou avec quelques
camarades, avec l'une des fiches pour document-guide ; l'enseignant présent
dans la salle était alors sollicité individuellement par l'étudiant. Certaines séquences pouvaient aussi être l'occasion d'accents mis sur quelques
points, explicitant des questions posées par les étudiants, mais aussi de
synthèses et de prolongement de la part de l'enseignant(e), engendrant
parfois un travail collectif.

C'est pourquoi on trouvera dans les fiches à la fois des indications
historiques générales, qui introduisent le sujet, et des directions possibles de généralisations ou d'extensions. C'est aussi pour cela qu'y alter-

nent des problèmes complètement traités et rédigés, et d'autres seulement esquissés, ou limités à un cas particulier.

   - L'ordre dans lequel est présenté les sujets est relativement arbitraire et ne nécessite pas qu'on l'observe rigoureusement, pas plus dans l'ensemble de l'ouvrage qu'à l'intérieur de chaque fiche. A l'intention des étudiants, les seules parties indispensables ont été notées du signe■   ■ ; il leur était précisé qu'ils devaient choisir, dans chaque fiche, les parties qu'ils voulaient traiter, et l'ordre dans lequel ils pouvaient le faire.

   Pas de lecture linéaire donc, pas plus que lecture exhaustive : c'est un jardin où l'on peut cueillir et planter.

TRIANGLE. ASPECTS GÉOMÉTRIQUES

Lycée Malherbe, Caen

DEFINITION HISTORIQUE

C'était quand le temps n'avait pas encore de barbe.

Lichtenberg

Au seizième siècle, on trouve cette définition du triangle :

"ressemble par juste proportion au nombre
trois : car pour le moins sont nécessaires
trois points pour clore et fermer une plaine.
Au moindre champ de terre, quel qu'il soit,
faut trois lisières pour le fermer : comme
il appert au triangle ABC ; la plaine est
longue, large, sans profondité".

Dans un manuel égyptien, deux mille ans avant Jésus Christ, la base d'un triangle isocèle porte le nom de <u>tépro</u>, bouche, et le côté celui de <u>merit</u>, le large.

Les grecs appellent le triangle <u>trigone</u> (trois angles) ou <u>tripleure</u> (trois côtés). Il peut être <u>isocèle</u> (jambes égales), <u>isopleure</u> (équilatéral) ou <u>scalene</u> (côtés inégaux), <u>orthogone</u> (un angle droit), <u>ambligone</u> (un angle obtus) ou <u>oxigone</u> (trois angles aigus).

On supposera connue aussi bien la notion de triangle que ses différentes propriétés, dont celles démontrées par les Pythagoriciens. Outre le célèbre théorème du triangle rectangle, ceux-ci auraient également démontré deux propositions : la somme des angles d'un triangle est égale à deux droites ; l'assemblage de six triangles équilatéraux ou de quatre carrés ou de trois hexagones remplit exactement l'espace autour du point.

Les propriétés des polygones réguliers étaient fondamentales pour les Pythagoriciens qui utilisaient comme signe de ralliement le pentagone régulier. Pour eux, les cinq polyèdres réguliers représentant le cosmos signifiaient le monde environnant ; le tétraèdre représentait le feu, le cube la terre, l'octaèdre le vent, l'icosaèdre l'eau et le dodécaèdre l'enveloppe du monde.

I QUELQUES PROPRIETES GENERALES

1.   Loi des sinus

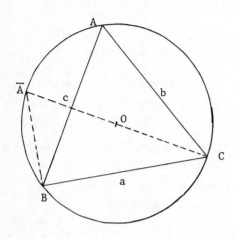

■ Théorème

> Dans le triangle ABC on a
> $$\frac{a}{\sin A} = \frac{b}{\sin B} = \frac{c}{\sin C} = 2R$$

Preuve : soit $\overline{A}$ le point diamétralement opposé à C ; l'angle A
est égal à l'angle $\overline{A}$ et le
triangle $\overline{A}BC$ étant rectangle, on
a $\sin \overline{A} = \dfrac{a}{2R}$ ■

2.   Théorème de Jean de Ceva

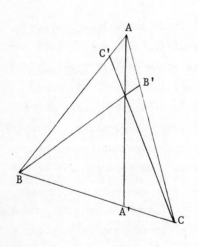

■ Soit ABC un triangle. On appelle
cévienne tout segment de droite (et
par extension toute droite) joignant
un sommet à un point quelconque du
côté opposé (intérieur ou extérieur)

Théorème

> Trois céviennes AA' ; BB' ;
> CC' sont concourantes si et
> seulement si
>
> $$\frac{\overline{A'B}}{\overline{A'C}} \cdot \frac{\overline{B'C}}{\overline{B'A}} \cdot \frac{\overline{C'A}}{\overline{C'B}} = -1$$

■

Première preuve

A tout point on associe ses coordonnées barycentriques relativement au triangle ABC : c'est-à-dire que tout point M est considéré comme barycentre des points A ; B ; C ; affectés de coefficients m_a ; m_b ; m_c qui sont les trois coordonnées barycentriques de M.

$$A' \in BC \implies A'(0 ; \alpha_b ; \alpha_c) \quad \text{et} \quad \frac{\overline{A'B}}{\overline{A'C}} = - \frac{\alpha_c}{\alpha_b}$$

$$B' \in CA \implies B'(\beta_a ; 0 ; \beta_c) \quad \text{et} \quad \frac{\overline{B'C}}{\overline{B'A}} = - \frac{\beta_a}{\beta_c}$$

$$C' \in AB \implies C'(\gamma_a ; \gamma_b ; 0) \quad \text{et} \quad \frac{\overline{C'A}}{\overline{C'B}} = - \frac{\gamma_b}{\gamma_a}$$

. Les points de AA' sont les barycentres de A et A', et ont donc pour coordonnées $(\lambda ; \alpha_b ; \alpha_c)$

. De même les points de BB' ont pour coordonnées $(\beta_a ; \mu ; \beta_c)$ et ceux de CC' $(\gamma_a ; \gamma_b ; \nu)$

. Soit Ω le point d'intersection de BB' et CC' on a

$$\frac{\beta_a}{\gamma_a} = \frac{\mu}{\gamma_b} = \frac{\beta_c}{\nu} \quad \text{d'où} \quad \Omega(\beta_a ; \frac{\gamma_b}{\gamma_a} \beta_a ; \beta_c)$$

$$\text{ou} \quad (1 ; \frac{\gamma_b}{\gamma_a} ; \frac{\beta_c}{\beta_a})$$

$$\text{et} \quad \Omega \in AA' \implies \frac{\alpha_b \gamma_a}{\gamma_b} = \frac{\alpha_c \beta_a}{\beta_c}$$

Remarque

. Si Ω n'existe pas, c'est-à-dire si BB' et CC' sont parallèles alors AA' est aussi parallèle à BB' et CC' : les droites sont sécantes à l'infini. Le théorème s'écrira :

Trois céviennes AA' ; BB' ; CC' sont concourantes ou parallèles si et seulement si

$$\frac{\overline{A'B}}{\overline{A'C}} \cdot \frac{\overline{B'C}}{\overline{B'A}} \cdot \frac{\overline{C'A}}{\overline{C'A}} = -1$$

. Donc les céviennes sont concourantes si et seulement si

$$\frac{\alpha_c}{\alpha_b} \frac{\beta_a}{\beta_c} \frac{\gamma_b}{\gamma_a} = 1 \quad \text{soit} \quad \frac{\overline{A'B}}{\overline{A'C}} \cdot \frac{\overline{B'C}}{\overline{B'A}} \cdot \frac{\overline{C'A}}{\overline{C'B}} = -1 \qquad (\text{c.q.f.d})$$

Deuxième preuve

1)   Supposons AA' ; BB' ; CC' concourantes en P

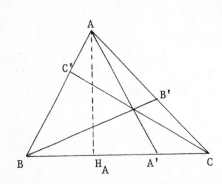

soit AH_A la hauteur du triangle ABC issue de A.

Nous noterons $\mathcal{A}(ABC)$ la surface du triangle ABC. On a

$$\left. \begin{array}{l} \mathcal{A}(ACA') = \frac{1}{2}\, AH_A \times CA' \\[2mm] \mathcal{A}(ABA') = \frac{1}{2}\, AH_A \times BA' \end{array} \right\} \implies$$

$$\frac{\overline{BA'}}{\overline{A'C}} = \frac{\mathcal{A}(ABA')}{\mathcal{A}(ACA')} \quad \text{et} \quad \frac{\overline{BA'}}{\overline{A'C}} = \frac{\mathcal{A}(PBA')}{\mathcal{A}(PCA')}$$

d'où $\dfrac{BA'}{A'C} = \dfrac{\mathcal{A}(ABA') - \mathcal{A}(PBA')}{\mathcal{A}(ACA') - \mathcal{A}(PCA')} = \dfrac{\mathcal{A}(ABP)}{\mathcal{A}(ACP)}$

on en déduit $\dfrac{CB'}{B'A}$ et $\dfrac{AC'}{C'B}$ par permutation sur les lettres et on trouve que

$$\frac{\overline{A'B}}{\overline{A'C}} \cdot \frac{\overline{B'C}}{\overline{B'A}} \cdot \frac{\overline{C'A}}{\overline{C'B}} = -1$$

2)   Supposons que le rapport précédent vaille −1. Soit C" le point AB tel que AA' ; BB' ; CC" soient concourants.

Alors $\dfrac{\overline{C''A}}{\overline{C''B}} = \dfrac{\overline{CA}}{\overline{CB}} \implies C'' = C$ c.q.f.d.

3)   Il faudrait vérifier que cette démonstration est valable pour toute positions de A' ; B' ; C' relativement à A ; B ; C.

Remarque sur les démonstration

★   La seconde preuve semble simple, cependant elle utilise des propriétés métriques (surfaces et différence de surfaces) alors que le théorème exprime une propriété affine (ne faisant pas intervenir la distance de deux points). La première preuve ne fait intervenir que des propriétés affines (vérifier que la notion de barycentre est une notion affine).★

Remarque sur les notations

★ Les noms donnés aux points ne sont pas pris au hasard ; ils veulent rendre compte de la symétrie du triangle : le triangle ABC est le même que le triangle BCA ou CAB.

Toute propriété relative à des points déduits de A est donc vraie pour les points déduits de façon analogue de B : on essaie de nommer les lettres en respectant la permutation circulaire... ABCABCABCA ... on pourra vérifier que dans les énoncés et les démonstrations, les formules s'écrivent de façon quasi automatique.

$$\underbrace{\frac{\overline{A'B}}{\overline{A'C}}}_{(i)} \cdot \underbrace{\frac{\overline{B'C}}{\overline{B'A}}}_{(ii)} \cdot \underbrace{\frac{\overline{C'A}}{\overline{C'B}}}_{(iii)} = -1$$

A' de (i) est remplacé par B' dans (ii)

B de (i) est remplacé par C dans (ii)

C de (i) est remplacé par A dans (ii)

etc.   ★

3. Exercices

✘   1.1 Un cube d'arrête 1 contient 2001 mouches. Montrer qu'il existe une boule sphérique de rayon $\frac{1}{11}$ qui contient 3 mouches (au moins).

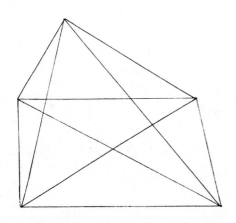

1.2 Combien y-a-t-il de triangles dans la figure ci-contre ?

<u>1.3</u> On casse un spaghetti en 3 morceaux. Peut-on former un triangle ?

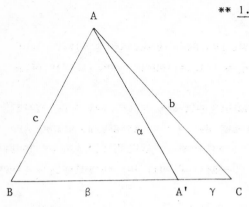

** <u>1.4</u> Soit ABC un triangle. On pose

AB = c   BC = a   CA = b   AA' = α

BA' = β CA' = γ

Montrer que $a(\alpha^2 + \beta\gamma) = b^2\beta + c^2\gamma$

(théorème de Stewart)

Indications : additionner les expressions donnant les cosinus des deux angles supplémentaires de sommet A' en fonction des côtés des triangles ABA' et ACA'

✘ <u>1.5</u> <u>Fable</u>. Jadis, sur les terres fertiles de l'Arcobie, vivait un calife intelligent, très estimé de son peuple. Connaissant le caractère jaloux du pays voisin et craignant la guerre, le calife fit venir son architecte et lui dit :

Cher Boulaf, j'ai peur du gouvernement Doulassaï. Je crains qu'il ne nous déclare la guerre. Comme vous le savez, notre pays est entouré de montagnes. Je voudrais faire construire au sommet du mont Palava un château fort d'où nous pourrons surveiller nos ennemis. Ce château devra avoir cinq murailles épaisses, dix tours robustes, à raison de quatre tours par muraille.

Voyons, dit l'architecte, quatre tours et cinq murailles, cela fait vingt tours.

Je sais, dit le calife, mais vingt tours demanderaient trop de soldats. Faites-en dix seulement.

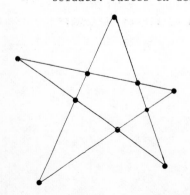

Le lendemain, Boulaf revint avec le plan ci-contre.

Avez-vous réfléchi que ce château fort doit être construit au
sommet même du mont Palava. Vous vous rendez compte que si le
lieu est encerclé toutes les tours seront attaquées en même temps.
Il me faut au moins une tour protégée par les autres, mais les
murailles peuvent être courbes.

L'architecte s'est suicidé, dit-on, et l'Arcobie fut envahie et
détruite. Son ancien emplacement ne figure plus sur aucune carte.
(d'après E. Fourrey)

Exercice
Imaginer un ou plusieurs modèles de château répondant aux exi-
gences du calife.

II ELEMENTS REMARQUABLES

1.   Points et droites remarquables : les médianes

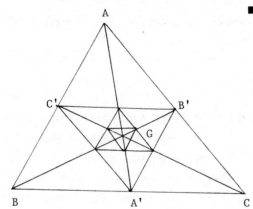

■ joignent un sommet au milieu du côté
opposé ;
elles se coupent au centre de gravité
G du triangle (le démontrer)
le triangle A'B'C' s'appelle le
triangle médial de ABC. Il admet le
même centre de gravité que ABC
■

Exercices

2.1 Les médianes d'un triangle partagent celui-ci en six triangles
d'aires égales.

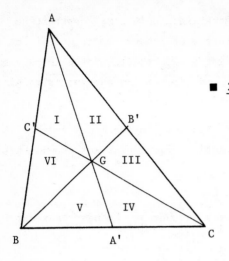

■ 2.2 Les médianes d'un triangle se coupent aux deux tiers de leur longueur à partir des sommets. (On peut utiliser l'exercice précédent). ■

2.3 Trouver le rapport de l'aire d'un triangle donné à l'aire d'un triangle dont les côtés seraient égaux aux médianes du premier.

* 2.4 Tout triangle ayant deux médianes égales est isocèle.

* 2.5 Calculer la longueur de la médiane en fonction de la longueur des côtés. (On pourra appliquer 1.4.)

2.   Les hauteurs

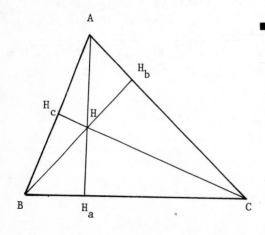

■ Les hauteurs sont les perpendiculaires issues des sommets du triangle et abaissées sur les côtés opposés : elles sont concourantes en H, orthocentre du triangle (ceci se démontre à l'aide du théorème de Ceva ; il existe cependant une démonstration plus jolie utilisant les médiatrices du triangle) ; le triangle $H_A H_B H_C$ s'appelle le triangle orthique de ABC ■

Exercices Montrer que :

** 2.6 Les hauteurs de ABC sont les bissectrices de $H_A H_B H_C$.

<u>2.7</u> Tout triangle ayant deux hauteurs égales est isocèle.

3.   <u>Les bissectrices</u>

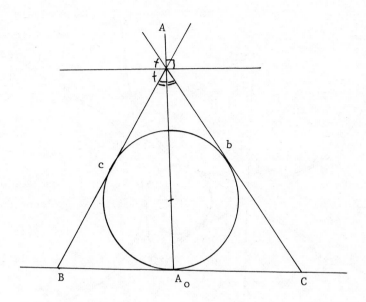

■   . Les bissectrices intérieure et extérieure d'un angle sont perpendiculaires.

. La bissectrice intérieure d'un angle du triangle partage le côté opposé en segments proportionnels aux longueurs des côtés adjacents, car

$$\frac{BA_o}{\sin \frac{A}{2}} = \frac{c}{\sin (A_o B \; ; \; A_o A)} \quad \text{dans le triangle} \quad BAA_o$$

$$\frac{CA_o}{\sin \frac{A}{2}} = \frac{b}{\sin (A_o C \, , \, A_o A)} \quad \text{dans le triangle} \quad CAA_o \qquad ■$$

et $\sin (A_o B \, , \, A_o A) = \sin (A_o C \, , \, A_o A)$

donc $\dfrac{BA_o}{CA_o} = \dfrac{c}{b}$

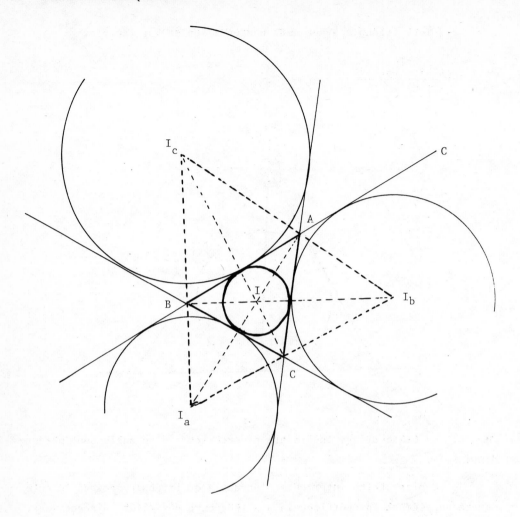

■   <u>Théorème</u>

Les bissectrices intérieures d'un triangle ABC sont concourantes
en un point I, appelé centre du cercle inscrit. La bissectrice intérieure
d'un angle et les bissectrices extérieures des deux autres sont concourantes
en I_a ; I_b ; I_c, appelés centres des cercles exinscrits.   ■

La démonstration de ce théorème est immédiate si on utilise le théorème
de Jean de Ceva (on sait -cf. fiche sur la division harmonique- que les pieds
des bissectrices intérieures et extérieures d'un angle du triangle forment
une division harmonique avec les sommets).

Remarques

Les hauteurs de $I_a I_b I_c$ sont les bissectrices de ABC ; ABC est le triangle orthique de $I_a I_b I_c$.

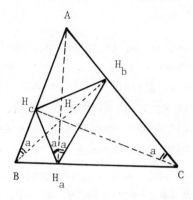

* Montrer en général que :

Dans un triangle dont les angles sont aigus, l'orthocentre est le centre du cercle inscrit du triangle orthique (si il y a un angle obtus, l'orthocentre est l'un des centres des cercles exinscrits du triangle orthique).

4.   Les médiatrices du triangle :

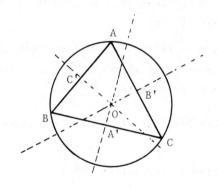

■ . On appelle ainsi les médiatrices des côtés du triangle.

. Elles se coupent en un point O, centre du cercle circonscrit au triangle.   ■

Exercices

2.8 Si un triangle a un angle obtus, le centre du cercle circonscrit et l'orthocentre sont à l'extérieur du triangle.

**   2.9 Construire un triangle ABC connaissant l'angle A et le cercle circonscrit Γ. Parmi les solutions précédentes, chercher celle(s) où le cercle inscrit dans ABC est maximum (une méthode consiste à fixer B et C, l'angle A étant constant, et à chercher l'ensemble des centres I des cercles inscrits dans ABC).

Remarques sur les hauteurs

Les médiatrices de ABC sont les hauteurs du triangle médial A'B'C' ce qui permet de démontrer directement que les hauteurs d'un triangle sont concourantes.

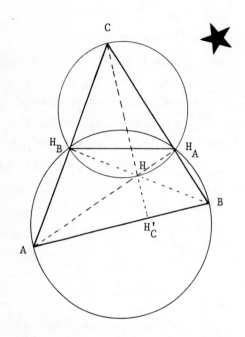

Il semble que le théorème, *les trois hauteurs d'un triangle sont concourantes*, ait été démontré pour la première fois par Archimède au troisième siècle avant Jésus-Christ. Sa démonstration aurait été :

Soit ABC un triangle ayant un angle aigu en C. Soit AH_A et AH_B les hauteurs issues de A et B. Montrons que CH –qui coupe AB en H'_C– est orthogonale à AB.

Les deux triangles AH_AB et AH_BB rectangles, sont inscriptibles dans le cercle de diamètre AB.

De même HH_BC et HH_AC sont inscriptibles dans le cercle de diamètre HC.

Les angles $H_A\widehat{H_B}H$ et $H_A\widehat{C}H$ sont égaux (interceptent HH_A)

Les angles $H_A\widehat{H_B}B$ et $H_A\widehat{A}B$ sont égaux (interceptent H_AB) donc $H_A\widehat{A}B = \widehat{BCH'_C}$, et les deux triangles H_AAB et BCH'_C ayant deux angles égaux, l'angle $\widehat{CH'_CB}$ est égal à $\widehat{AH_AB}$, soit un droit.   c.q.f.d.

III DROITE ET CERCLE D'EULER

1.   Cercle médial

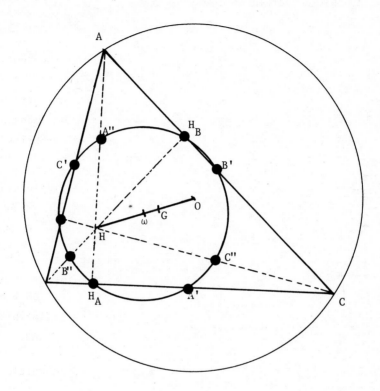

Le *cercle médial* est le centre circonscrit au triangle médial A'B'C'
On l'appelle aussi *cercle d'Euler ou cercle des neuf points* :

<u>Théorème</u> :

Les neuf points H_A ; H_B ; H_C (pieds des hauteurs) ; A' ; B' ; C' (milieux des côtés) ; A" ; B" ; C" (milieux des segments AH ; BH ; CH) appartiennent au cercle médial.

<u>Preuve</u>

. Montrons que le cercle A'B'C' passe par H_A :

$A'C' = \dfrac{1}{2} AC = H_A B'$ $\left.\phantom{\begin{matrix}a\\b\end{matrix}}\right\}$ le trapèze B'C'H_AA' est isocèle, donc ins-

$B'C' \parallel H_A A'$ criptible.

. de même le cercle A'B'C' passe par H_B et H_C

. Montrons que le cercle A'C'H_A passe par A"

  - H_A est un cercle de diamètre A'A"

  - C'A" $\parallel$ BH_B , donc C'A" est perpendiculaire à C'A', donc C'
    est sur un cercle de diamètre A'A".   c.q.f.d.

. Le cercle A'B'C' passe donc par A", B", C".

2.   <u>Droite d'Euler :</u>

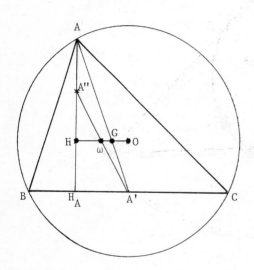

c'est le nom qu'on donne à la droite
OH et on démontre que ω, le centre
du cercle médial, et G, le centre de
gravité de ABC, sont sur cette
droite, et de plus que   ωO = ωH   et
GH = 2GO

<u>Preuve :</u>

. ω est sur les médiatrices de A'H_A ; B'H_B ; C'H_C la médiatrice
de A'H_A passe par le milieu de OH (car elle est parallèle à HH$_A$ et OA'),
de même pour celle de B'H_B et C'H_C. Donc ω est sur OH et ωO = ωH.

. A'A" est diamètre du cercle médial, donc A"O A'H est un parallélogramme, donc A"H = OA' = $\frac{1}{2}$ AH.

. Soit G le point d'intersection de AA' avec OH. Les triangles
OGA' et AGH sont semblables, et le rapport de similitudes est $\frac{1}{2}$
(puisque OA' = $\frac{1}{2}$ AH)

Donc GA' = $\frac{GA}{2}$, et G est le centre de gravité du triangle (les médianes se coupent au $^1/_3$ de leur hauteur), on a de même OG = $\frac{GH}{2}$ c.q.f.d.

3.   Exercices

**   3.1 Montrer que, si la droite d'Euler est parallèle au côté BC du
      triangle ABC, on a tgB.tgC = 3

*   3.2 Montrer que le rayon du cercle médial est égal à la moitié du
      rayon du cercle circonscrit.

■   3.3 Montrer que les symétriques de l'orthocentre par rapport aux côtés
      du triangle se trouvent sur le cercle circonscrit. ■

      3.4 . Les triangles AHB ; BHC ; CHA ont le même cercle médial que
      le triangle ABC.

      . Les cercles AHB ; BHC ; CHA ont le même rayon que le cercle
      ABC (utiliser 3.2)

Remarque

      Les points ABCH jouissent de la propriété remarquable que l'un
d'eux est l'orthocentre du triangle formé par les trois autres. On dit
qu'ils forment un groupe orthocentrique.

IV AUTRES EXEMPLES

1.   Triangles podaires

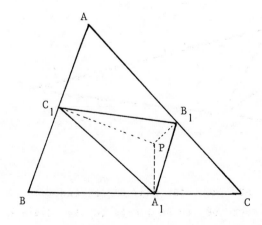

Soit P un point intérieur au
triangle ABC. Soient PA_1 ; PB_1 ;
PC_1 les perpendiculaires abaissées
de P sur les côtés du triangle.
$A_1 \ B_1 \ C_1$ s'appelle le triangle podaire de P par rapport à ABC

      4.1 Montrer que le troisième triangle podaire $A_3 \ B_3 \ C_3$ est sembla-
      ble au triangle ABC.

**   4.2 Peut-on supprimer la condition "P intérieur à ABC" ?

Quelle précaution faut-il prendre ?

On peut généraliser la propriété à des triangles podaires succes-
sifs. On montre à partir d'un polygone à n côtés que le n[ème] triangle podaire qu'on en déduit lui est semblable.

2.   Casse-têtes

Exercices

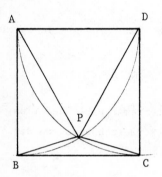

4.3 Soit un carré ABCD et un point P
intérieur au carré tel que APD soit
équilatéral.

Montrer que PBC est isocèle et que
ses angles à la base mesurent 15°.

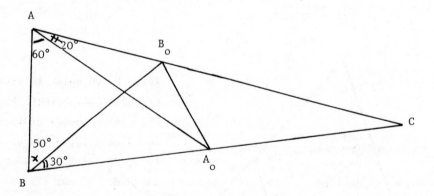

*   4.4 Soit un triangle isocèle ABC dont les deux angles égaux en A
et B mesurent 80°. On trace BB_o et AA_o, tels qu'ils divisent
les angles B et A en 50° et 30°, puis 60° et 20° (cf. figure).
Trouver la mesure de l'angle $\widehat{B_o A_o A}$.

<u>4.5</u> <u>Isogonales</u> Soit ABC un triangle.

***

    - On appelle cévienne, toute droite issue d'un sommet et sécante avec le côté opposé.

    - Etant donné une cévienne D_1 passant par le sommet A, on dit que D_2 est isogonale à D_1 si $(D_1 ; D_2)$ admet les mêmes bissectrices que (AB ; AC)

(définition analogue pour les céviennes issues de B ou C)

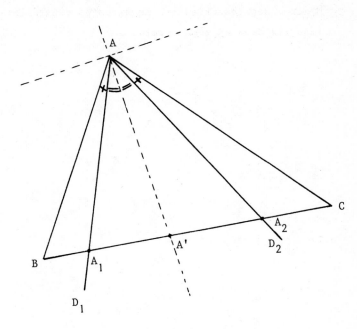

a) Vérifier que toute cévienne admet une isogonale et une seule.

b) Montrer que les isogonales de trois céviennes concourantes sont concourantes.

On pourra évaluer le rapport $R = \dfrac{\overline{A'B}}{\overline{A'C}} \cdot \dfrac{\overline{B'C}}{\overline{B'A}} \cdot \dfrac{\overline{C'A}}{\overline{C'B}}$ en fonction de lignes trigonométriques.

c) Utiliser b) pour définir l'isogonal M' d'un point M du plan relativement au triangle ABC.

Montrer que l'on définit ainsi une application f :

$$\mathscr{P} \xrightarrow{\ f\ } \mathscr{P}$$

M $\longmapsto$ M', où $\mathscr{P}$ est une partie du plan.

Vérifier que f est involutive. On dit que M et M' sont isogonaux.

d) Montrer que le symétrique de O −centre du cercle circonscrit− par rapport à la bissectrice issue de A, est sur la hauteur issue de A.

e) Quelles sont les images par f de $I \ I_A \ I_B \ I_C \ O$ et H ?

f) Etant donné un point M, on appelle triangle podaire de M relativement à ABC le triangle $M_A \ M_B \ M_C$, où M_A est la projection orthogonale de M sur BC, M_B sur CA, M_C sur AB.

Montrer que les triangles podaires de deux points isogonaux sont inscrits dans un même cercle.

INDICATIONS POUR LA CORRECTION

Sa réponse s'infiltra dans ma tête, comme
de l'eau traversant un tamis

(C.L. DODGSON)

I PROPRIETES GENERALES

Exercices

1.1 Découpons le cube en cubes élémentaires de côté 1/10. Il est recouvert par mille cubes. L'un d'eux au moins contient trois mouches car, si tous en contenaient moins de trois, il y aurait au plus deux-mille mouches dans le cube et non deux mille une. Chaque cube élémentaire pouvant être inclus dans une boule sphérique de rayon 1/11, on a la réponse désirée.

1.3 Il faut que chaque morceau soit -en longueur- inférieur à la somme et supérieur à la différence des deux autres.

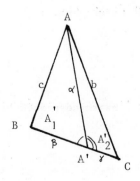

1.4 $\begin{cases} 2\alpha\beta \cos A_1' = c^2 - \alpha^2 - \beta^2 & \text{et} \quad \cos A_1' + \cos A_2' = 0 \\ 2\alpha\gamma \cos A_2' = b^2 - \alpha^2 - \gamma^2 & \text{et} \quad \alpha + \beta = a \end{cases}$

$$2\alpha\beta\gamma (\cos A_1' + \cos A_2') = c^2\gamma + b^2\beta - \alpha^2\gamma - \beta^2\gamma - \alpha^2\beta - \gamma^2\beta$$

soit $\quad a(\alpha^2 + \beta\gamma) = b^2\beta + c^2\gamma$

c.q.f.d.

1.5 <u>Quelques solutions</u> :

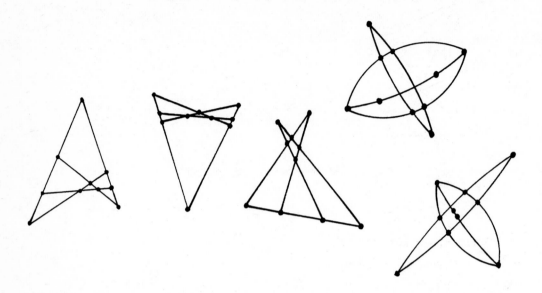

II ELEMENTS REMARQUABLES

1.   Exercices : <u>les médianes</u>

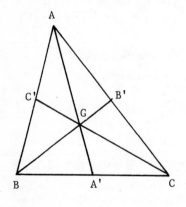

<u>2.1</u> Les triangles GBA' et GCA' ont une base égale BA' = A'C et la hauteur relative à cette base commune : il sont égaux. etc...

<u>2.2</u> On a   aire (GBA) = 2 aire (GBA')   d'après l'exercice précédent.

et

$$\text{aire (GBA)} = \frac{1}{2}\ GA.h$$

$$\text{aire (GBA')} = \frac{1}{2}\ GA'.h$$

où h est la hauteur issue de B, commune aux deux triangles.

d'où $GA = 2GA' = \frac{2}{3}\ AA'$.   c.q.f.d.

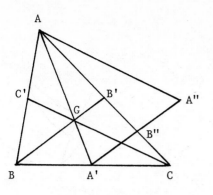

<u>2.3</u> Traçons, par A', A'A" parallèle à BB' avec A'A" = BB' les trois côtés du triangle AA'A" sont égaux aux médiatrices de ABC.

$$\frac{\text{aire (ABC)}}{\text{aire (AA'A")}} = \frac{2 \text{ aire (CAA')}}{2 \text{ aire (B"AA')}} = \frac{CA}{B"A} = \frac{4}{3}$$

<u>2.4</u> Supposons que BB' = CC'

$$GB = \frac{2}{3} BB' = \frac{2}{3} CC' = GC \quad \text{donc} \quad \widehat{GBC} = \widehat{GCB}$$

donc triangle BB'C = triangle CC'B
donc $\widehat{B} = \widehat{C}$: ABC isocèle.

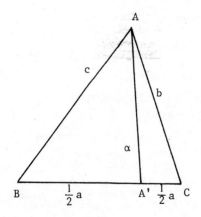

<u>2.5</u> en appliquant 1.1.4. on a :

$$a(\alpha^2 + \frac{a^2}{4}) = b^2(\frac{1}{2} a) + c^2(\frac{1}{2} a)$$

$$\alpha^2 = -\frac{a^2}{4} + \frac{b^2 + c^2}{2} \qquad \alpha = \frac{1}{2} \sqrt{2b^2 + 2c^2 - a^2}$$

2.   <u>Les hauteurs sont concourantes</u>

On a $\begin{cases} BH_A = BA \cdot \cos B \\ CH_A = CA \cdot \cos C \end{cases}$ d'où $\begin{cases} CH_B = CB \cdot \cos c \quad AH_c = AC \cdot \cos A \\ \qquad\qquad\qquad et \\ AH_B = AB \cdot \cos A \quad BH_C = BC \cdot \cos B \end{cases}$

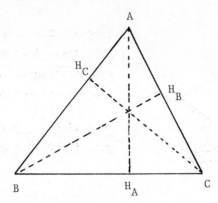

d'où cette fraction a pour valeur absolue :

$$\left| \frac{\overline{H_A B}}{\overline{H_A C}} \cdot \frac{\overline{H_B C}}{\overline{H_B A}} \cdot \frac{\overline{H_e A}}{\overline{H_e B}} \right| = \frac{BA \cdot \cos B \cdot CB \cdot \cos C \cdot AC \cos A}{CA \cdot \cos C \cdot AB \cdot \cos A \cdot BC \cdot \cos B} = 1$$

et est de signe négatif ; donc les céviennes en question sont concourantes (théorème de Ceva).

Exercices

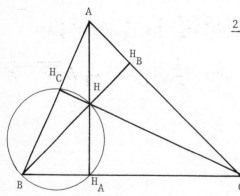

<u>2.6</u> H_C et H_A sont sur un cercle de dia-
mètre HB puisque les angles $\widehat{H_C}$ et
$\widehat{H_A}$ sont droits.

donc $\widehat{H_C H_A H} = \widehat{H_C B H} = \frac{\pi}{2} - A$

(intercepte de même arc HH_C)

de même

$$\widehat{H_B H_A H} = \widehat{H_B C H} = \frac{\pi}{2} - A \ldots$$

c.q.f.d.

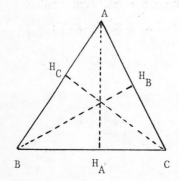

<u>2.7</u> Supposons que $BH_B = CH_C$

Alors aire $(ABC) = \frac{1}{2} B H_B \times AC$ $\left.\begin{array}{c} \\ \\ \end{array}\right\} \Rightarrow AC = AB$

aire $(ABC) = \frac{1}{2} CH_C \times BA$

3.   Les médiatrices

Exercices

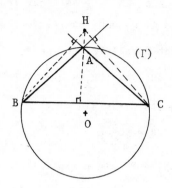

2.8 Si ABC a un angle obtus en A il
est inscrit dans un arc de cercle inférieur à une demi-circonférence et
les hauteurs issues de B et C coupent les côtés opposés à l'extérieur
du cercle.

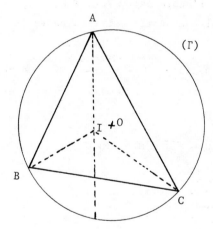

2.9 Le cercle Γ étant fixé, fixer
l'angle A est équivalent à fixer B
et C et l'arc du cercle où choisir
A.

L'angle $\widehat{\text{BIC}}$ a une valeur constante :

$$\widehat{\text{BIC}} = \pi - \frac{1}{2}(\widehat{B}+\widehat{C}) = \pi - \frac{1}{2}(\pi-A) = \frac{\pi+\widehat{A}}{2} = C^{ste}.$$

Donc I est sur un arc de cercle
(arc capable de BC relatif à l'angle $\frac{\pi+\widehat{A}}{2}$).

Le rayon r (distance de I à BC)
sera maximum pour I sur la médiatrice de BC, soit pour un triangle
ABC isocèle.

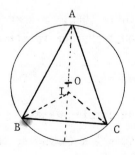

III DROITE ET CERCLE D'EULER

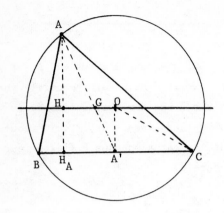

3.1 On sait que $GA' = \frac{2}{3} AA'$ car les médianes se coupent en 1/3 de leur

OH étant parallèle BC on a

$HH_A = \frac{1}{3} AH_A$ et $HH_A = OA'$

$AH_A = b \sin C = c \sin B$ et

$\frac{b}{\sin B} = 2R = \frac{C}{\sin C}$

donc $AH_A = 2R \sin B \sin C$

. Dans le triangle rectangle OA'C, l'angle en O est égal à l'angle A du triangle ABC (angle au centre qui intercepte la moitié de l'arc qu'intercepte A)

donc $OA' = R \cos A$ et $A = \pi - (B+C)$

et $3 = \frac{AH_A}{OA'} = \frac{2R \sin B \sin C}{R \, (-\cos (B+C))}$

Soit $-3 \cos B \cos C + 3 \sin B \sin C = 2 \sin B \sin C$

$$\Longrightarrow \boxed{tg \; B \; tg \; C = 3}$$

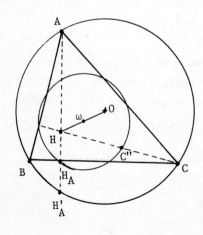

3.2 Dans le triangle OHC, ω est le milieu de OH, C" est le milieu de HC.

Donc

ℓ = (rayon du cercle médial)

$\ell = \omega C" = \frac{1}{2} OC = \frac{1}{2} R$ (rayon du cercle circonscrit).

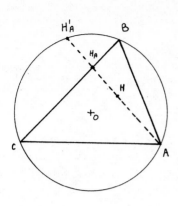

<u>3.3</u> Soit H'_A le point d'intersection de AH_A avec le cercle circonscrit. Il suffit de montrer que $HH_A = H_A H'_A$

$$\widehat{CBH'_A} = \widehat{CAH'_A} = \frac{\pi}{2} - \widehat{C} = \widehat{HBC}$$

Le triangle BHH'_A est donc isocèle et $HH_A = H_A H'_A$

c.q.f.d.

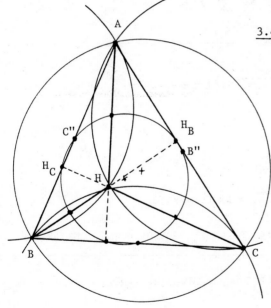

<u>3.4</u> . Le cercle médial de HBC passe par H_A -pied de la hauteur- et par C'' et B'', milieux des côtés, tout comme le cercle médial de ABC (pour qui H_A est le pied de la hauteur et B'' et C'' les milieux des segments compris entre un sommet et l'orthocentre).

. Les cercles ABC, AHB, BHC, CHA ont donc même rayon (double du rayon médial).

IV AUTRES EXEMPLES

1.   Triangle podaire

4.1

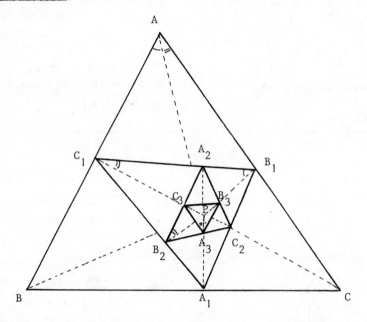

P est sur les cercles circonscrits aux triangles AB_1C_1, $A_2B_1C_2$;
$A_3B_3C_2$; $A_2B_2C_1$; $A_3B_2C_3$

donc :

$$\widehat{C_1AP} = \widehat{C_1B_1P} = \widehat{A_2B_1P} = \widehat{A_2C_2P} = \widehat{B_3C_2P} = \widehat{B_3A_3P}$$

$$\widehat{PAB_1} = \widehat{PC_1B_1} = \widehat{PC_1A_2} = \widehat{PB_2A_2} = \widehat{PB_2C_3} = \widehat{PA_3C_3}$$

Les deux parties de l'angle A se retrouvent en C_1 et B_1, puis
B_2 et C_2, puis A_3 et A_3 ... etc...

Les triangles ABC et $A_3B_3C_3$ ont 3 angles égaux.

4.3 On peut prendre P à l'extérieur de ABC à condition de ne pas
le choisir sur le circonscrit.

2.   Casse-têtes

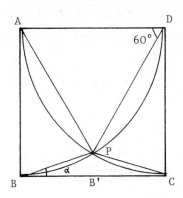

<u>4.3</u> $D'P = \ell \dfrac{\sqrt{3}}{2}$ où $\ell = AB = BC = CD = DA$

$\Longrightarrow PB' = \ell \dfrac{2-\sqrt{3}}{2}$

$\Longrightarrow tg\alpha = \dfrac{PB'}{BB'} = \ell \dfrac{2-\sqrt{3}}{2} \times \dfrac{2}{\ell} = 2-\sqrt{3}$

$tg2\alpha = \dfrac{2\,tg\,\alpha}{1-tg^2\alpha} = \dfrac{2(2-\sqrt{3})}{1-(4+3-4\sqrt{3})} = \dfrac{2(2-\sqrt{3})}{2\sqrt{3}(2-\sqrt{3})} = \dfrac{1}{\sqrt{3}}$

donc $2\alpha = 30°$ donc $\alpha = 15°$.

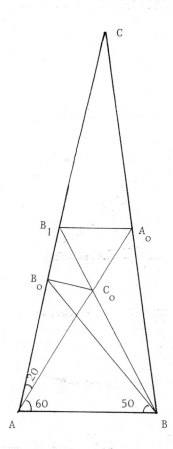

<u>4.4</u> Traçons par A_o la parallèle à AB qui coupe AC en B_1 ; BB_1 coupe AA_o en C_o.

Le triangle ABC_o est équilatéral et $AC_o = AB$.

BB_oA est isocèle (angle à la base 50°) $AB = AB_o$.

Donc $AB_o = AC_o$ et $\widehat{AC_oB_o} = 80°$

$\widehat{B_1C_oB_o} = 40°$.

Comme $\widehat{B_oB_1C_o} = 40°$, le triangle $B_oC_oB_1$ est isocèle et $B_1B_o = B_oC_o$

de même $A_oB_1 = A_oC_o$.

Les deux triangles $C_oA_oB_o$ et $B_1A_oB_o$ sont égaux. B_oA_o est la bissectrice de $\widehat{B_1A_oC_o}$ et $\widehat{B_oA_oC_o} = 30°$.   c.q.f.d.

4.5 Les isogonales

. AA' ; BB' ; CC' sont trois céviennes concourantes en M.
AA" ; BB" ; CC" sont leurs symétriques par rapport aux bissectrices issues de A, B, C respectivement.

. Tous les angles seront considérés comme des angles de droites
orientées, définis à π prés.

. On pose $\hat{A}$ = (AB,AC) $\hat{B}$ = ...

$\quad\quad\quad\quad \alpha$ = (AB,AA') β = (BC,BB') γ = (CA',CC')

$\quad\quad\quad\quad \alpha'$= (AB,AA") β'= (BC,BB") γ'= (CA',CC")

b) **Les isogonales de trois céviennes concourantes sont concou-**
rantes :

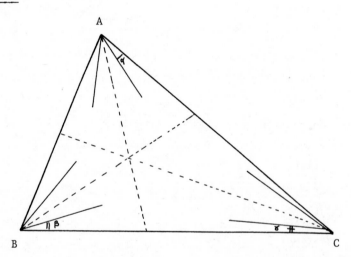

. Si A', B', C' sont des points de BC ; CA ; AB (resp.)

On pose $R(A'B'C') = \dfrac{\overline{A'C}}{\overline{A'B}} \cdot \dfrac{\overline{B'A}}{\overline{B'C}} \cdot \dfrac{\overline{C'B}}{\overline{C'A}}$

AA' ; BB' ; CC' sont des céviennes concourantes donc
$R(A'B'C') = -1$.

Dans le triangle BAA': $\dfrac{BA'}{\sin \alpha} = \dfrac{AA'}{\sin B}$

Dans le triangle CAA': $\dfrac{CA'}{\sin (A-\alpha)} = \dfrac{AA'}{\sin C}$

$\left. \begin{array}{c} \\ \\ \end{array} \right\} \Rightarrow \dfrac{\overline{A'C}}{\overline{A'B}} = \dfrac{\sin C}{\sin B} \dfrac{\sin \alpha}{\sin (\alpha-A)}$

etc...

d'où $R(A'B'C') = \dfrac{\sin \alpha}{-\sin (A-\alpha)} \dfrac{\sin \beta}{\sin (B-\beta)} \dfrac{\sin \gamma}{\sin (C-\gamma)}$

et $\quad R(A'B'C') = -1$

de la même façon $R(A''B''C'') = \dfrac{\sin \alpha'}{-\sin (A-\alpha')} \dfrac{\sin \beta'}{\sin (B-\beta')} \dfrac{\sin \gamma'}{\sin (C-\gamma')}$

mais $\quad \alpha+\alpha' = A \quad \beta+\beta' = B \quad \gamma+\gamma' = C$

d'où $\quad R(A'B'C') . R(A''B''C'') = 1$

et les céviennes AA'' ; BB'' ; CC'' sont concourantes ou parallèles (voir remarque dans la démonstration du théorème de Ceva). On dit dans ce cas que les céviennes se coupent au point à l'infini dans la direction des droites.

c) A tout point M du plan (sauf peut être les points du cercle circonscrit à ABC −cf restriction ci-dessus) on associe les céviennes AM ; BM ; CM. Leurs isogonales sont concourantes en M' ou parallèles.

On montre que les point M tels que les trois céviennes concourantes AM ; BM ; CM aient des isogonales parallèles sont les points du cercle circonscrit au triangle.

On convient d'associer à M le point M' ci-dessus défini, ou le point à l'infini dans la direction des céviennes isogonales si le point M est sur le cercle circonscrit.
On a ainsi défini $f : \mathcal{P} \longrightarrow \mathcal{P}$ et $f \circ f = I$.

d) <u>Le symétrique de O par rapport à la bissectrice issue de A</u>
<u>est sur la hauteur issue de A.</u>

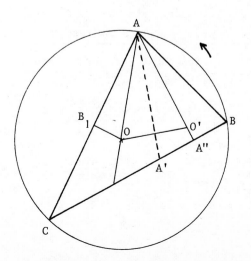

Soit ABC triangle. AA' bissectrice intérieure. O centre du cercle circonscrit. B_1 milieu de AC. O' symétrique de O par rapport à AA'. A'' point d'intersection de AO' et BC.

Montrons que AA'' est orthogonale à BC.

(AO,AA') = (AA',AA'') (par construction)

. $\widehat{B} = (BC,BA) = (OB_1,OA)$ (angle au centre interceptant la moitié de l'arc intercepté par l'angle inscrit)

. $(AA',AO) + (AO,AB_1) = \dfrac{\widehat{A}}{2}$ où $\widehat{A} = (AB,AC)$

$(AO,AB_1) + (OB_1,OA) = (B_1O,B_1A) = \dfrac{\pi}{2}$

d'où $(AA',AA'') = -(AA',AO) = -(\dfrac{\widehat{A}}{2} - \dfrac{\pi}{2} + \widehat{B})$ où $\widehat{B} = (BC,BA)$

. $(A'B,A'A) + (AA',AB) + (BA,BC) = 0$ (mod π)

d'où $(A'B,A'A) = \widehat{B} + (AB,AA') = \widehat{B} - \dfrac{A}{2}$

. $(AA',AA'') + (A'B,A'A) = (A'A'',A''A) = -\dfrac{A}{2} + \dfrac{\pi}{2} - B + B - \dfrac{A}{2}$

soit $(A''B,A''A) = \dfrac{\pi}{2}$ c.q.f.d.

e) <u>Isogonaux de points remarquables</u>

$f(I) = If(I_A) = I_A$ $f(I_B) = I_B$ $f(I_C) = I_C$

car les bissectrices sont leurs propres symétriques.

$f(O) = H$ et $f(H) = O$ d'après ce qui précède, l'isogonale d'une hauteur passe par O.

f) <u>Triangle podaire de M et triangle podaire de l'isogonal M'</u>
<u>de M.</u>

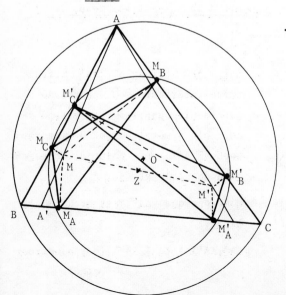

. $M_B M_B' M M'$ est un trapèze :

La médiatrice de $M_B M_B'$ passe par Z, milieu de MM' :

Ainsi font les médiatrices de $M_A M_A'$ et $M_C M_C'$

(On ne sait pas encore si $ZM_B = ZM_C$).

. Montrons que $M_A M'_A M_C M'_C$ sont cocycliques : il suffit de montrer que $\overline{BM_A} \cdot \overline{BM'_A} = \overline{BM_C} \cdot \overline{BM'_C}$ (puissance de B par rapport au cercle cherché)

$$\frac{BM_A}{\sin(M_C B, M_C M_A)} = \frac{BM_C}{\sin(M_A B, M_A C)}$$

$$\frac{BM_A}{\sin(\frac{\pi}{2} - \beta)} = \frac{BM_C}{\sin(\frac{\pi}{2} - B + \beta)} \implies \frac{BM_A}{BM_C} = \frac{\cos \beta}{\cos(B - \beta)}$$

donc $\dfrac{BM'_A}{BM'_C} = \dfrac{\cos \beta'}{\cos(B - \beta')} = \dfrac{\cos(B - \beta)}{\cos \beta}$

d'où   c.q.f.d.

. $M_A M'_A M_C M'_C$ sont donc cocycliques sur un cercle de centre Z milieu de MM'.

Par raison de symétrie $M_B M'_B M_A M'_C$ sont cocycliques sur un cercle de centre Z ... etc...

Les 6 points sont cocycliques.   c.q.f.d.

EXERCICES

1.   On colorie *tous* les points du plan à l'aide de trois couleurs rouge (r), vert (v), bleu (b) (c'est-à-dire que l'on considère une application γ du plan E dans l'ensemble {r,v,b}).

Montrer qu'il existe deux points du plan P et Q de même couleur et distants d'une longueur unité (c'est-à-dire   tels que $\gamma(P) = \gamma(Q)$ et PQ = 1).

Indications

On pourra raisonner par l'absurde et supposer le théorème faux.

On peut alors montrer que si un point M est colorié en rouge, tous les points de cercle de centre M et de rayon $\sqrt{3}$ sont coloriés en rouge.

(Extrait d'un sujet d'examen du Deug A1 de Caen).

. <u>Rappel</u> : *deux triangles sont dits semblables* si leurs trois angles sont égaux.

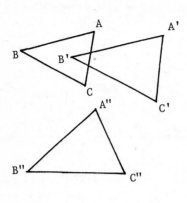

Ici   ABC ; A'B'C', A"B"C" sont semblables, c'est-à-dire $\hat{A}' = \hat{A}'' = \hat{A}$
$\hat{B}' = \hat{B}'' = \hat{B}$ $\hat{C}' = \hat{C}'' = \hat{C}$

. Alors leurs côtés sont proportionnels (et ceci est suffisant pour qu'ils soient semblables)

$$\frac{A'B'}{A\,B} = \frac{B'C'}{B\,C} = \frac{C'A'}{C\,A}$$

et $$\frac{A''B''}{A\,B} = \frac{B''C''}{B\,C} = \frac{C''A''}{C\,A}$$

et $$\frac{A'B'}{A''B''} = \frac{B'C'}{B''C''} = \frac{C'A'}{C''A''}$$

. Deux triangles sont semblables en particulier si leurs côtés sont parallèles (par exemple ABC et A'B'C'), mais ceci n'est pas indispensable (par exemple ABC et A"B"C").

2.   <u>Exercice</u>

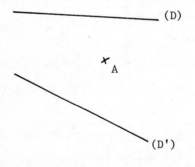

On veut tracer la droite qui passe par le point A et le point d'intersection de (D) et (D') : mais ce point est hors de la figure.

Montrer que l'on peut procéder de la façon suivante :

. On trouve deux droites BB' et CC', parallèles, qui coupent D et D' en B,C et B'C', et qui sont "sur la figure" (donc du même côté par rapport au point d'intersection de (D) et (D')).

. On mène la parallèle à BA qui passe par C et la parallèle à B'A par C'. Elles se coupent en A' ; la droite AA' est la droite cherchée. (Texte de problème du Deug A1 de Caen).

3.   . Montrer que dans tout triangle ABC (même si un angle est obtus),
      on a   a = b cos C + c cos B

    . Etablir la formule d'addition   sin (B+C) = sin B cos C + sin C cos B,
      en utilisant la loi des sinus = $\dfrac{a}{\sin A} = \dfrac{b}{\sin B} = \dfrac{c}{\sin C}$.

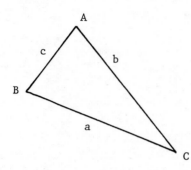

    . Montrer que dans tout triangle ABC
      on a :

      a(sin B − sin C) + b(sin C − sin A) +

      + c(sin A − sin B) = 0

4.   Soient trois cercles Γ_1 ; Γ_2 ; Γ_3 de même rayon R, qui passent par
un même point P ; Γ_1 et Γ_2 se coupent en A_3, Γ_2 et Γ_3 en A_1 ; Γ_3 et
Γ_1 en A_2.

    Démontrer que R est égal au rayon du cercle circonscrit au triangle
A_1 A_2 A_3, et que P est l'orthocentre de ce dernier.

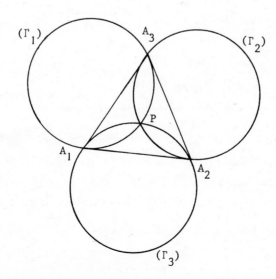

TRIANGLE :
CALCUL D'ANGLES

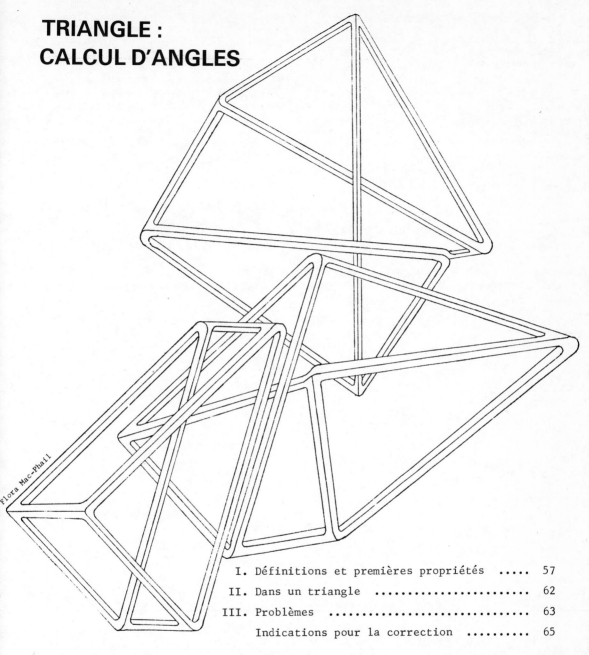

Flora Mac-Phail

Si l'on veut conduire quelque galerie
de Mines, jeter des bombes avec règle,
calculer les parties d'une fortifica-
tion régulière pour la tracer sur le
terrain, lever un camp, une carte, le
plan d'une tranchée, orienter les bat-
teries, il faut nécessairement avoir
recours à la trigonométrie.

Belidor, 1725

I DEFINITIONS ET PREMIERES PROPRIETES

1.   Le cercle trigonométrique

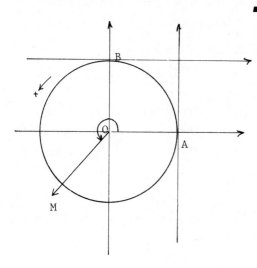

■ On convient d'une unité de longueur.
Le cercle trigonométrique est alors
un cercle de rayon 1 sur lequel on
a choisi un sens de parcours, traditionnellement celui indiqué par
la flèche.

On choisit un point A origine,
un point B tel que $(\overrightarrow{OA},\overrightarrow{OB}) = \dfrac{\pi}{2}$,
et on oriente les axes de O vers
A, de O vers B.

On trace par A un axe parallèle à
OB, et par B un axe parallèle à
OA, orientés comme OA et OB. ■

2.   Les lignes trigonométriques

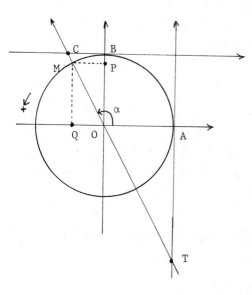

■ Soit M un point du cercle et
$\alpha = (\overrightarrow{OA},\overrightarrow{OM})$; M se projette en Q
sur OA, en P sur OB.

OM coupe AT en T et BC en C.

Par définition, quel que soit M
sur le cercle, on pose :

$\overline{OQ} = \cos\alpha$	$\overline{OP} = \sin\alpha$
$\overline{AT} = \operatorname{tg}\alpha$	$\overline{BC} = \operatorname{cotg}\alpha$

cos α, sin α, tg α, cotg α,
s'appellent les lignes trigonométriques de α . ■

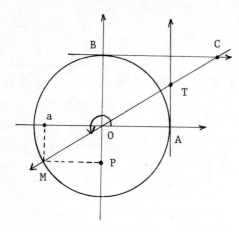

<u>Remarques</u>

. T et C n'existent pas toujours

. cos α et sin α sont compris

  entre (-1) et (+1)

. $\sin^2 \alpha + \cos^2 \alpha = 1$

  $\text{tg } \alpha = \dfrac{\sin \alpha}{\cos \alpha}$ $\text{cotg } \alpha = \dfrac{1}{\text{tg } \alpha}$

. On a toujours

  $\sin (\alpha + 2\pi) = \sin \alpha \quad \cos(\alpha + 2\pi) = \cos \alpha$

  Que dire de tg α et cotg α ?

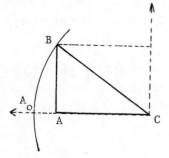

. Dans un triangle rectangle on a :

  $\sin \widehat{C} = \dfrac{AB}{BC}$ $\cos \widehat{C} = \dfrac{AC}{BC}$

<u>Cas particuliers remarquables</u>

En utilisant les propriétés géométriques particulières des triangles
ci-contre, établir un tableau donnant les lignes trigonométriques
des angles de 0 ; $\dfrac{\pi}{6}$; $\dfrac{\pi}{4}$; $\dfrac{\pi}{3}$; $\dfrac{\pi}{2}$ radians.

Par exemple :

$\sin \widehat{A'B'B''} = \dfrac{A'B''}{A'B'} = \dfrac{A'B''}{2A'B''} = \dfrac{1}{2}$.

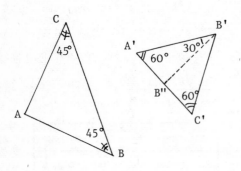

3.   <u>La fonction $\theta \longmapsto e^{i\theta}$</u>

■   On convient de définir une application de ℝ dans ℂ, que l'on appelle fonction **exponentielle**, en posant :

$$\forall \theta \in \mathbb{R} \quad e^{i\theta} = \cos \theta + i \sin \theta$$

On verra :

. que cette application se prolonge à une application de $\mathbb{C}$ dans $\mathbb{C}$ par :

$$\forall a \in \mathbb{R} \qquad \forall b \in \mathbb{R} \qquad e^{a+ib} = e^a (\cos b + i \sin b)$$

. qu'elle possède des propriétés opératoires immédiatement et "naturellement" déduites des propriétés de la fonction $x \mapsto e^x$ de $\mathbb{R}$ dans $\mathbb{R}$, en particulier

$$\boxed{e^{i(\theta+\theta')} = e^{i\theta} \cdot e^{i\theta'}}$$

∎

On pourra utiliser dès maintenant les propriétés de cette application exponentielle et sa définition par les fonctions trigonométriques pour trouver et retrouver les propriétés opératoires des fonctions trigonométriques (voir ci-dessous).

4.   Relations élémentaires

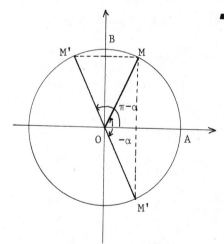

■ Pour des raisons de symétrie par rapport à OA et OB, on a
$\cos(-\alpha) = \cos\alpha \quad \sin(-\alpha) = -\sin\alpha$
et $\sin(\pi-\alpha) = \sin\alpha$ ...

. Etablir de cette façon les relations entre les lignes trigonométriques de α ; $(-\alpha)$; $(\pi-\alpha)$; $(\alpha+\pi)$; $(\frac{\pi}{2} - \alpha)$; $(\alpha + \frac{\pi}{2})$.

(cf. corrigé)

. On peut aussi utiliser la fonction exponentielle

ainsi : $e^{i\theta} = \cos\theta + i \sin\theta$

$$\begin{cases} e^{i(\theta+\pi)} = \cos(\theta+\pi) + i \sin(\theta+\pi) \\ e^{i(\theta+\pi)} = e^{i\theta} \cdot e^{i\pi} = -e^{i\theta}. \end{cases}$$

d'où $\begin{cases} \cos(\theta+\pi) = -\cos\theta \\ \sin(\theta+\pi) = -\sin\theta. \end{cases}$ ∎

5. ■ Formules d'addition et de multiplication

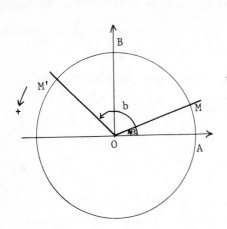

On cherche à établir des formules reliant les lignes trigonométriques des angles a; b; a+b; a-b; ...

* **Il suffit de savoir établir une formule pour pouvoir en déduire toutes les autres.**

. On peut utiliser la fonction exponentielle :

$$e^{i(a+b)} = e^{ia} \cdot e^{ib}$$

$\iff$ $\cos(a+b) + i \sin(a+b) = (\cos a + i \sin a)(\cos b + i \sin b)$

$\iff$

$$\boxed{\begin{array}{l} \cos(a+b) = \cos a \cos b - \sin a \sin b \\ \sin(a+b) = \sin a \cos b + \sin b \cos a \end{array}}$$

. On peut aussi faire un raisonnement géométrique :

$a = (\overrightarrow{OA}, \overrightarrow{OM})$ $b = (\overrightarrow{OA}, \overrightarrow{OM'})$ $b-a = (\overrightarrow{OM}, \overrightarrow{OM'})$

$\overrightarrow{OM} = \cos a \cdot \overrightarrow{OA} + \sin a \cdot \overrightarrow{OB}$

$\overrightarrow{OM'} = \cos b \cdot \overrightarrow{OA} + \sin b \cdot \overrightarrow{OB}$

donc $\overrightarrow{OM} \cdot \overrightarrow{OM'} = \cos a \cdot \cos b + \sin a \cdot \sin b$

mais $\overrightarrow{OM} \cdot \overrightarrow{OM'} = |\overrightarrow{OM}| \cdot |\overrightarrow{OM'}| \cdot \cos(b-a)$

d'où $\boxed{\cos(b-a) = \cos a \cos b + \sin a \sin b}$

*   On peut alors en déduire $\cos(a+b)$ en remplaçant   a   par $(-a)$; $\sin(a-b)$ en utilisant $\sin(x + \frac{\pi}{2}) = \cos x$ etc ...

Exercice

Etablir certains des éléments du tableau donnant les formules des lignes trigonométriques d'addition d'angles, d'addition et de multiplication de lignes trigonométriques. (cf. corrigé). ■

On peut toujours user de *moyens mnemotechniques* et de vérifications. Par exemple :

. sin (a-a) = 0 et cos (a-a) = 1. En remplaçant b par a, on doit trouver 0 pour sin(a-b) et 1 pour cos (a-b).

. cos est une fonction paire, sin et tg des fonctions impaires.

cos p - cos q = cos (-p) - cos q = cos p - cos (-q) = cos (-p) - cos (-q) : donc on doit pouvoir changer p en -p, q en -q, sans que la formule se modifie.

. $\cos \frac{p+q}{2}$; $\cos \frac{p-q}{2}$; cos (a-b) ; sin (a.b) ; sin p + sin q ; etc...

sont des fonctions symétriques, tandis que (sin p - sin q) ; sin (a-b), tg (a-b) sont antisymétriques : changer p en (-p) et q en (-q) ne modifient pas les premiers et transforment les secondes en leurs op- posées.

. pour ε petit, on a :

$\sin \varepsilon \#\# \varepsilon$ et $\cos \varepsilon \#\# 1 - \frac{1}{2} \varepsilon^2$

Les formules obtenues doivent encore être vérifiées pour a,b, p et q petits.

Exemple :

$$\cos p - \cos q \#\# -\frac{1}{2} p^2 + \frac{1}{2} q^2$$
$$-2 \sin \frac{p+q}{2} \sin \frac{p-q}{2} \#\# -2 \frac{(p+q)}{2} \frac{(p-q)}{2} = -\frac{1}{2} (p^2 - q^2)$$

pour p et q petits (au moins), l'égalité (cos p - cos q) = $-2 \sin \frac{p+q}{2} \sin \frac{p-q}{2}$ est réalisée.

Exercices   Résoudre

a) tg 2x.tg 3x = 1

2 b) sin x + sin 7x + sin 9x = 3

* c) sin x + sin 2x + sin 3x = 0

** d) $(\sin^2 x + \cos^2 x) \sin^2 x = m(\cos^4 x + \sin^4 x)$

2 e) $\cos \frac{x}{3} + \sin \frac{x}{2} + 2 = 0$

f) $\sqrt{3} \cos x + \sin x \geqslant \sqrt{2}$

g) tg a = $\frac{1}{7}$ tg b = $\frac{1}{3}$ calculer tg(a+2b)   puis   (a+2b)

*** h) On suppose que x ; y ; z réels vérifient

$$\begin{cases} \sin x + \sin y + \sin z = 0 \\ \cos x + \cos y + \cos z = 0 \end{cases}$$

Montrer que

$$\begin{cases} \sin 2x + \sin 2y + \sin 2z = 0 \\ \cos 2x + \cos 2y + \cos 2z = 0. \end{cases}$$

II DANS UN TRIANGLE

On notera à la longueur du côté opposé à $\hat{A}$

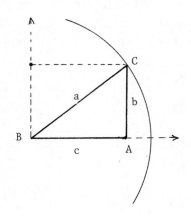

■ triangle rectangle

$$\sin \hat{B} = \frac{b}{a} \quad \cos \hat{B} = \frac{c}{a} \quad \text{tg } \hat{B} = \frac{b}{c}$$

triangle quelconque

$$\hat{A} + \hat{B} + \hat{C} = \pi$$

On montre que :

$$\boxed{\frac{a}{\sin \hat{A}} = \frac{b}{\sin \hat{B}} = \frac{c}{\sin \hat{C}} = 2R}$$

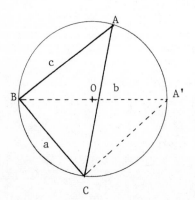

où R est le rayon du cercle circonscrit au triangle ABC, a la longueur du côté BC ...
(Pour la démonstration, on pourra utiliser le point A' diamétralement opposé à B. On rappelle que les deux angles inscrits $\hat{A}$ et $\hat{A}'$, interceptant le même arc BC, sont égaux).

Exercice

a) Montrer que $a^2 = b^2 + c^2 - 2bc \cos A$.

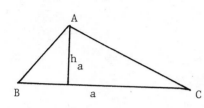

** b) soit S la surface du triangle
et $p = \frac{1}{2}(a+b+c)$ son demi-
périmètre.

Alors montrer que :
$$S = \frac{1}{2} ah_a = \frac{abc}{4R} = \sqrt{p(p-a)(p-b)(p-c)}$$

III PROBLEMES

*   1) Résoudre $x^2 + 2x \cos b \cos c + \cos^2 b + \cos^2 c - 1 = 0$

A ; B; C étant les angles d'un triangle, montrer que :

$\cos^2 A + \cos^2 B + \cos^2 C + 2 \cos A \cos B \cos C - 1 = 0$

Examiner la réciproque.

*   2) Résoudre en fonction de θ l'équation

$m \cos \theta + \sqrt{1-m^2} \sin \theta = 2m^2 - 1$.

(On pourra exprimer θ en fonction d'un angle auxiliaire φ lié
à m).

3) Même problème avec $m \sin x + \cos x = m$.

**   4) La vitesse du courant d'une rivière dont les rives sont parallèles
et rectilignes est de 2m/s. Une personne, qui nage normalement
à la vitesse de 1m/s dans l'eau dormante, traverse la rivière de
façon à ce que l'axe de son corps fasse un angle constant V avec
les rives.

Comment doit-elle choisir V pour atteindre la rive opposée le
plus en amont possible ?

5) Un roseau (pensant ?) pousse exactement au milieu d'un bassin pa-
rallélipipédique dont la base est un caré de 10m de côté. Il dé-
passe de 1m la surface de l'eau, mais en se penchant, sa partie
supérieure se trouve dans l'eau exactement au bord du bassin.

Quelle est la hauteur d'eau dans le bassin ?

6) La colonne Vendôme mesure 44 m. La statue qui la surmonte mesure 1 m. A quelle distance d du pied de la colonne doit se placer une personne qui mesure 2 m pour voir la statue sous un angle maximum ?

■ * 7) La lumière a la vitesse c dans le vide et $\frac{c}{n}$ dans un autre milieu transparent (le verre par exemple), où n ∈ ℝ et n>1. On considère la situation suivante :

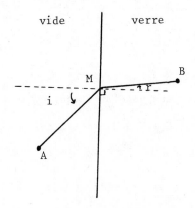

On considère un objet ayant un mouvement rectiligne uniforme dans le vide de vitesse c et rectiligne uniforme dans le verre de vitesse $\frac{c}{n}$ allant de A à B. Montrer que le temps mis pour aller de A à B est minimum si et seulement si le point M est tel que :

$$\boxed{\sin i = n \sin r.}$$ ■

INDICATIONS POUR LA CORRECTION

Au lieu de s'acharner à concilier l'inconci-
liable dans une épure aseptique, il est pos-
sible d'assumer volontairement la complexité
et la contradiction.

R. Venturi
De l'ambiguïté en architecture

I DEFINITIONS ET PREMIERES PROPRIETES

1.2. Les lignes trigonométriques

. Si $\alpha = \frac{\pi}{2}$ (mod π), tg α est "infinie"

Si $\alpha = 0$ (mod π), cotg α est "infinie"

. cos α et sin α varient de (−1) à (+1), mais tg α et cotg α varient de $-\infty$ à $+\infty$

. $OQ^2 + QM^2 = OM^2 \implies \cos^2\alpha + \sin^2\alpha = 1$

. Les triangles OQM et OAT sont homothétiques, d'où
$\frac{QM}{OQ} = \frac{AT}{OA}$ d'où tg $\alpha = \frac{\sin \alpha}{\cos \alpha}$

. De la même façon OMP et OCB sont homothétiques

. $\forall a$ tg$(\alpha + k\pi) =$ tg α
  $\forall k \in \mathbb{Z}$

1.3. Relations élémentaires

sin $(-\alpha) = -$ sin α	sin $(\pi-\alpha) =$ sin α	sin $(\alpha+\pi) = -$ sin α
cos $(-\alpha) =$ cos α	cos $(\pi-\alpha) = -$ cos α	cos $(\alpha+\pi) = -$ cos α
tg $(-\alpha) = -$ tg α	tg $(\pi-\alpha) = -$ tg α	tg $(\alpha+\pi) =$ tg α
	sin $(\alpha+\frac{\pi}{2}) =$ cos α	sin $(\frac{\pi}{2}-\alpha) =$ cos α
	cos $(\alpha+\frac{\pi}{2}) = -$ sin α	cos $(\frac{\pi}{2}-\alpha) =$ sin α
	tg $(\alpha+\frac{\pi}{2}) = -$cotg α	tg $(\frac{\pi}{2}-\alpha) =$ cotg α

1.4. Cas particuliers

α	$\cos \alpha$	$\sin \alpha$	$\operatorname{tg} \alpha$	$\operatorname{cotg} \alpha$
0	1	0	0	∞
$\pi/6$	$\sqrt{3}/2$	$1/2$	$1/\sqrt{3}$	$\sqrt{3}$
$\pi/4$	$\sqrt{2}/2$	$\sqrt{2}/2$	1	1
$\pi/3$	$1/2$	$\sqrt{3}/2$	$\sqrt{3}$	$1/\sqrt{3}$
$\pi/2$	0	1	∞	0

1.5. Formules d'addition et de multiplication

$$\cos(a+b) = \cos a \cos b - \sin a \sin b$$

$$\cos(a-b) = \cos a \cos b + \sin a \sin b$$

$$\operatorname{tg}(a+b) = \frac{\operatorname{tg} a + \operatorname{tg} b}{1 - \operatorname{tg} a \operatorname{tg} b}$$

$$\sin(a+b) = \sin a \cos b + \sin b \cos a$$

$$\sin(a-b) = \sin a \cos b - \sin b \cos a$$

$$\operatorname{tg}(a-b) = \frac{\operatorname{tg} a - \operatorname{tg} b}{1 + \operatorname{tg} a \operatorname{tg} b}$$

$$\cos 2a = \cos^2 a - \sin^2 a = 2\cos^2 a - 1 = 1 - 2\sin^2 a$$

$$\sin 2a = 2 \sin a \cos a$$

$$\operatorname{tg} 2a = \frac{2 \operatorname{tg} a}{1 - \operatorname{tg}^2 a}$$

$$\text{si} \quad t = \operatorname{tg} \frac{a}{2} \quad \sin a = \frac{2t}{1+t^2}$$

$$\cos a = \frac{1-t^2}{1+t^2} \quad \operatorname{tg} a = \frac{2t}{1-t^2}$$

$$\operatorname{tg} \frac{a}{2} = \frac{1-\cos a}{\sin a} = \frac{\sin a}{1+\cos a}$$

$$\cos a \cos b = \frac{1}{2} \{\cos (a+b) + \cos (a-b)\}$$

$$\sin a \sin b = \frac{1}{2} \{\cos (a-b) - \cos (a+b)\}$$

$$\sin a \cos b = \frac{1}{2} \{\sin (a+b) + \sin (a-b)\}$$

$$\cos p + \cos q = 2 \cos \frac{p+q}{2} \cos \frac{p-q}{2}$$

$$\cos p - \cos q = -2 \sin \frac{p+q}{2} \sin \frac{p-q}{2}$$

$$\sin p + \sin q = 2 \sin \frac{p+q}{2} \cos \frac{p-q}{2}$$

$$\sin p - \sin q = 2 \sin \frac{p-q}{2} \cos \frac{p+q}{2}$$

I.5. <u>Exercices</u>

a) $\boxed{\text{tg } 2x \cdot \text{tg } 3x = 1}$

$\dfrac{\sin 2x}{\cos 2x} = \dfrac{\cos 3x}{\sin 3x} \iff \sin 3x \sin 2x - \cos 3x \cos 2x = 0$

$\iff \cos 5x = 0 \iff 5x = \dfrac{\pi}{2} + k\pi \iff x = \dfrac{\pi}{10} + \dfrac{k\pi}{5}$

b) $\boxed{\sin x + \sin 7x + \sin 9x = 3}$ $\Rightarrow \sin x = 1$ et $\sin 7x = 1$ et

$$\sin 9x = 1$$

$$\Rightarrow x = \frac{\pi}{2} + 2k\pi \text{ et } 7x = \frac{\pi}{2} + 2h\pi \text{ et}$$

$$9x = \frac{\pi}{2} + 2\ell\pi$$

si $x = \dfrac{\pi}{2} + 2k\pi$ alors $7x = \dfrac{7\pi}{2} + 2.7k\pi$

$$7x = \frac{\pi}{2} + 2(7k+1)\pi + \pi$$

c'est-à-dire $\sin 7x = -1$. Le problème n'a pas de solution.

c) $\boxed{\sin x + \sin 2x + \sin 3x = 0}$

Il y a une solution évidente : $x = 0$; on va la "factoriser" :

$F = \sin x + \sin 2x + \sin 3x = \sin x + 2 \sin x \cos x + \sin x \cos 2x + \sin 2x \cos x$

$\quad = \sin x (1 + 2 \cos x + 2 \cos^2 x - 1 + 2 \cos^2 x)$

$\quad = 2 \sin x \cos x (1 + 2 \cos x)$

d'où $F = 0 \iff \sin x = 0$ ou $\cos x = 0$ ou $-\cos x = \dfrac{1}{2}$

soit $x \in \{k\pi ; \dfrac{\pi}{2} + h\pi ; \pm \dfrac{2\pi}{3} + 2\ell\pi ; \mid (k,h,\ell) \in \mathbb{Z}^3\}$

d) $\boxed{(\sin^2 x + \cos^2 x)\,\sin^2 x = m(\cos^4 x + \sin^4 x)}$

<u>Si $\cos x \neq 0$</u> $(\dfrac{\sin^2 x}{\cos^2 x} + \dfrac{\cos^2 x}{\cos^2 x})\,\dfrac{\sin^2 x}{\cos^2 x} = \dfrac{m(\ldots)}{\cos^4 x} \Longleftrightarrow (\text{tg}^2 x + 1)\,\text{tg}^2 x = m(1 + \text{tg}^4 x)$

$\Longleftrightarrow \text{tg}^4 x\,(1-m) + \text{tg}^2 x - m = 0 \quad \Delta = -4(m - \dfrac{1-\sqrt{2}}{2})\,(m - \dfrac{1+\sqrt{2}}{2})$

si $m \notin (\dfrac{1-\sqrt{2}}{2}\,;\,\dfrac{1+\sqrt{2}}{2})$ il n'y a pas de solution.

si $m \in (\dfrac{1-\sqrt{2}}{2}\,;\,\dfrac{1+\sqrt{2}}{2})$ l'équation en $\text{tg}^2 x$ admet deux solutions
(qui donneront des solutions pour x si
elles sont positives).

si $m \in (\dfrac{1-\sqrt{2}}{2},\,0($ les deux solutions en $\text{tg}^2 x$ sont négatives
il n'y a pas de solution en x.

si $m \in\,)0,1($ il y a une solution en $\text{tg}^2 x$ positive, donc
deux solutions en x, modulo π.

si $m = 1$ $\text{tg}\,x = 1$ $x = \dfrac{\pi}{4}\,(\text{mod }\pi)$.

si $m \in\,)1,\,\dfrac{1+\sqrt{2}}{2})$ il y a deux solutions en $\text{tg}^2 x$ positives,
donc quatre solutions en x, modulo π.

<u>Si $\cos x = 0$</u>   alors $\sin x = \pm 1$ et $\sin^4 x = m\,\sin^4 x$

si $m \neq 1$ $\sin^4 x \neq 0$ $\cos x = 0$ n'est pas solution

si $m = 1$ alors $\sin^4 x(1-m) = 0$ $x = \dfrac{\pi}{2} + k\pi$ est solution.

e) $\boxed{\cos \dfrac{x}{3} + \sin \dfrac{x}{2} = -2}$ $\Rightarrow \cos \dfrac{x}{3} = -1$ et $\sin \dfrac{x}{2} = -1 : x = (2k+1)3\pi$

f) $\boxed{\sqrt{3}\,\cos x + \sin x > \sqrt{2}}$ $\Longleftrightarrow \dfrac{\sqrt{3}}{2}\,\cos x + \dfrac{1}{2}\,\sin x > \dfrac{\sqrt{2}}{2} \Longleftrightarrow$

$\sin \dfrac{\pi}{3}\,\cos x + \cos \dfrac{\pi}{3}\,\sin x > \sin \dfrac{\pi}{4} \Longleftrightarrow \sin(x + \dfrac{\pi}{3}) \geqslant \sin \dfrac{\pi}{4}$

$\Longleftrightarrow \exists\,k \in \mathbb{Z} : -\dfrac{\pi}{12} + 2k\pi \leqslant x \leqslant \dfrac{5\pi}{12} + 2k\pi.$

g) $\boxed{\text{tg } a = \dfrac{1}{7} \quad \text{tg } b = \dfrac{1}{3}} \Rightarrow \text{tg}(a+2b) = 1 \quad a+2b = \dfrac{\pi}{4} \ (\text{mod } \pi)$

*** h)

$\begin{cases} \cos x + \cos y + \cos z = 0 \\ \sin x + \sin y + \sin z = 0 \end{cases}$ $\begin{aligned} &\Longleftrightarrow \cos x + \cos y + \cos z + i(\sin x + \sin y + \sin z) = 0 \\ &\Longleftrightarrow e^{ix} + e^{iy} + e^{iz} = 0 \end{aligned}$

On rappelle que : $e^{ix} = (\cos x + i \sin x)$ est le nombre complexe de module 1 et d'argument x.

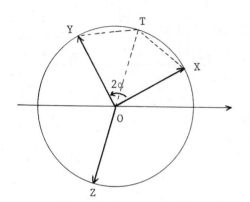

Que signifie $e^{ix} + e^{iy} + e^{iz} = 0$?

Soit $\vec{OX}, \vec{OY}, \vec{OZ}$ les vecteurs représentant e^{ix} ...

alors $\vec{OX} + \vec{OY} = \vec{OZ}$

donc le module de $(\vec{OX} + \vec{OY})$ est 1, ce qui signifie que le parallélogramme construit sur (OX,OY) est tel que T est sur le cercle.

Soit 2α l'angle $(\vec{OX}, \vec{OY})$

Alors l'angle $(\vec{TY}, \vec{TX})$ est égal à $(\pi - \alpha)$ comme angle inscrit interceptant YX, et est égal à 2α comme angle du parallélogramme.

Donc $\pi - \alpha = 2\alpha \quad (\text{mod } 2\pi)$

$\boxed{2\alpha = \dfrac{2\pi}{3}} \quad (\text{mod } 2\pi)$

(à une permutation près) on a :

$y = x + \dfrac{2\pi}{3} \ (2\pi)$

$z = x + \dfrac{4\pi}{3} \ (2\pi)$

donc $\begin{cases} 2y = 2x + \dfrac{4\pi}{3} \ (2\pi) \\ 2z = 2x + \dfrac{2\pi}{3} \ (2\pi) \end{cases}$

soit $e^{i2x} + e^{i2y} + e^{i2z} = 0$

$$\Longleftrightarrow \begin{cases} \cos 2x + \cos 2y + \cos 2z = 0 \\ \sin 2x + \sin 2y + \sin 2z = 0 \end{cases}$$

II DANS UN TRIANGLE

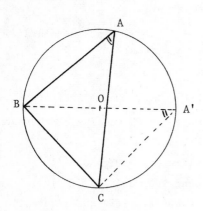

$\sin \hat{A} = \sin \widehat{BA'C} = \dfrac{BC}{BA'} = \dfrac{a}{2R}$ etc

d'où $\boxed{\dfrac{a}{\sin \hat{A}} = \dfrac{b}{\sin \hat{B}} = \dfrac{c}{\sin \hat{C}} = 2R}$

Exercices

a) $\overrightarrow{BC} = \overrightarrow{BA} + \overrightarrow{AC} = \overrightarrow{AC} - \overrightarrow{AB}$

$|\overrightarrow{BC}|^2 = |\overrightarrow{AC}|^2 + |\overrightarrow{AB}|^2 - 2\,\overrightarrow{AC}.\overrightarrow{AB}$

$a^2 = b^2 + c^2 - 2\,bc \cos A$ c.q.f.d.

b) $S = \dfrac{1}{2} a h_a$ (décomposition du triangle en 2 demi-rectangles)

de même $S = \dfrac{1}{2} a h_a = \dfrac{1}{2} b h_b = \dfrac{1}{2} c h_c$

$S = \dfrac{1}{2} a.b \sin c = \dfrac{1}{2} a c \sin B \ldots$

et $a^2 = b^2 + c^2 - 2bc \cos A \Longrightarrow \cos A = \dfrac{b^2 + c^2 - a^2}{2bc}$

$$\sin A = \dfrac{2\sqrt{p(p-a)(p-b)(p-c)}}{bc}$$

d'où $S = \sqrt{p(p-a)(p-b)(p-c)}$

et $\sin A = \dfrac{a}{2R}$ $S = \dfrac{1}{2} bc \sin A \Longrightarrow S = \dfrac{abc}{4R}$

III PROBLEMES

1.
$$\boxed{x^2 + 2x \cos b \cos c + \cos^2 b + \cos^2 c = 1}$$

$A = (1-\cos^2 c)(1-\cos^2 b) = \sin^2 b \sin^2 c$

$x = -\cos(b+c)$ ou $x = -\cos(b-c)$

. Si A,B,C sont les angles d'un triangle, alors

$A = \pi - (B+C)$ donc $\cos A = -\cos(B+C)$

donc $\cos A$ est solution de l'équation précédente :

$\cos^2 A + \cos^2 B + \cos^2 C + 2\cos A \cos B \cos C - 1 = 0.$

. Réciproquement, si A,B,C vérifient l'équation ci-dessus et si
A ; B ; C sont positifs

on a $\cos A = \cos(\pi-B-C)$ donc $A+B+C = \pi$

ce sont les angles d'un triangle

ou alors $\cos A = -\cos(B-C)$ ce ne sont pas les angles d'un

$A \pm (B-C) = \pi$ triangle.

2.
$$\boxed{(E)\ m \cos \theta + \sqrt{1-m^2} \sin \theta = 2m^2-1}$$

$1-m^2 \geqslant 0$ donc $\exists! \ \varphi \in (-\frac{\pi}{2}, \frac{\pi}{2}) : m = \sin \varphi$ et $\sqrt{1-m^2} = \cos \varphi$

$(E) \iff \sin(\varphi+\theta) = 2\sin^2 \varphi - 1 = -\cos 2\varphi = \sin(2\varphi - \frac{\pi}{2})$

d'où $\theta = \varphi - \frac{\pi}{2} + 2k\pi$ ou $\theta = \pi - 3\varphi + 2k\pi.$

3.
$$\boxed{(E)\ m \sin x + \cos x = m}$$

$\exists! \ \varphi \in \ ]-\frac{\pi}{2}, \frac{\pi}{2}[\ : m = \text{tg } \varphi$

$(E) \iff \sin \varphi \sin x + \cos \varphi \cos x = \text{tg } \varphi \cos \varphi$

$\iff \cos(\varphi - x) = \sin \varphi = \cos(\frac{\pi}{2} - \varphi)$

$\iff x = \frac{\pi}{2} \ (2\pi)$ ou $x = 2\varphi - \frac{\pi}{2} \ (2\pi)$

4.   ┌──────────────┐
      │ La rivière │
      └──────────────┘

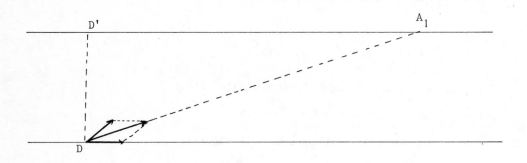

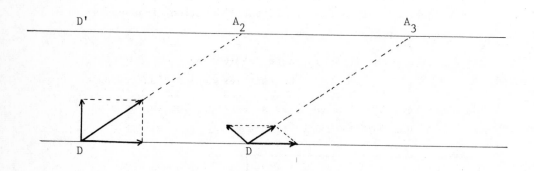

La personne considérée est soumise à l'action de deux forces, celle du courant et celle qu'elle développe, la première étant le double de la seconde. Elle prend la direction de la résultante des deux.

Soit V l'angle que fait la personne avec les rives, et W l'angle que fait la résultante avec les rives. D est le départ et A l'arrivée, L la largeur de la rivière.

 on obtient $\text{tg } W = \dfrac{\sin(\pi - V)}{2 - \cos(\pi - V)}$ 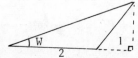 on obtient $\text{tg } W = \dfrac{\sin V}{2 + \cos V}$

et la distance parcourue sur l'autre rive est $D'A = L.tg\ (\frac{\pi}{2} - W)$

$$\boxed{D'A = L\ \frac{2+\cos V}{\sin V}}$$

$$\boxed{tg\ W = \frac{\sin V}{2+\cos V}}$$

$$D'A = f(V) = L\ \frac{2+\cos V}{\sin V}$$

$$f'(V) = -L\ \frac{2\ \cos V+1}{\sin^2 V}$$

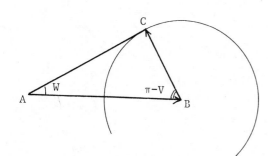

la distance parcourue est minimum

pour $V = \frac{2\pi}{3}$ et est égale à $\sqrt{3}.L$

<u>Autre méthode</u> :

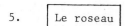

Soit $\overrightarrow{AB}$ la force du courant : AB=2
et $\overrightarrow{BC}$ la force du nageur : BC=1

L'angle   W   que fait $\overrightarrow{AC}$ avec $\overrightarrow{AB}$
est maximum pour   AC   tangent au
cercle de centre   B   de rayon 1.

ABC   est alors un triangle rectangle
de côtés 2 et 1, donc l'angle $\frac{\pi}{3}$ et $\frac{\pi}{6}$.

5. $\boxed{\text{Le roseau}}$

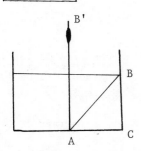

AB = AB' = BC + 1   (en mètre)

$AC^2 + BC^2 = AB^2$ AC = 5

$25 + BC^2 = BC^2 + 2BC + 1$ $\boxed{BC = 12}$

6.   │ La colonne Vendôme │

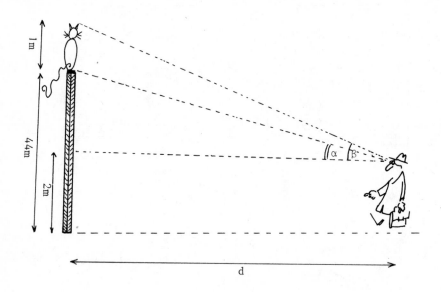

$$\text{tg } \beta = \frac{43}{d} \qquad \text{tg } \alpha = \frac{42}{d}$$

$$\text{tg } (\beta - \alpha) = \frac{d}{d^2 + 42.43}$$

$\text{tg}(\beta - \alpha)$ est maximum pour $\dfrac{\partial}{\partial d}$ tg $(\beta - \alpha) = 0$ avec d positif.

C'est-à-dire $d = \sqrt{42.43} \simeq 42,5$

7.   │ La lumière │

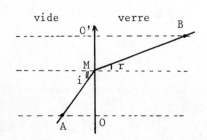

vide   verre

On repère la position du point M, où le rayon lumineux frappe la surface de séparation :

soit $\overline{OM} = x$,   x variant de 0 à $OO' = L$

Soit $\ell = OA$ et $\ell' = BO'$

le temps mis par la lumière pour aller de A à B est $t = \dfrac{AM}{C} + \dfrac{MB}{c/n}$.

$$t = \frac{\ell}{c \cos i} + \frac{\ell'}{c'} \frac{n}{\cos r} \implies \frac{dt}{dx} = \frac{\ell}{c} \frac{\sin i}{\cos^2 i} \frac{di}{dx} + \frac{\ell'}{c} \frac{n \sin r}{\cos r} \frac{dr}{dx}$$

Exprimons i et r en fonction de x :

$$
\begin{cases}
tg\ i = \dfrac{x}{\ell} \implies \dfrac{1}{\cos^2 i} \dfrac{di}{dx} = \dfrac{1}{\ell} \\[4mm]
tg\ r = \dfrac{L-x}{\ell'} \implies \dfrac{1}{\cos^2 r} \dfrac{dr}{dx} = \dfrac{-1}{\ell}
\end{cases}
$$

d'où $\dfrac{dt}{dx} = \dfrac{1}{c} (\sin i - n \sin r)$

t admet un extremum, qui est un minimum, pour $\boxed{\sin i = n \sin r}$

AUTRES EXERCICES

Exercice 1

a) transformer en produit l'expression

S = sin α + sin β − sin γ − sin (α+β+γ)

b) montrer que dans tout triangle on a :

$$\sin A + \sin B + \sin C = 4 \cos \frac{A}{2} \cos \frac{B}{2} \cos \frac{C}{2}$$

c) montrer qu'un triangle tel que

sin 3A + sin 3B + sin 3C = 0

admet nécessairement un angle de 60°.

Exercice 2

64 = 65

La preuve vient, en droite ligne d'un traité du célèbre Lewis Carroll, l'auteur d'<u>Alice aux pays des merveilles</u>.

Voici un carré de 8 cm de côté qu'on coupera suivant les lignes indiquées ; on replacera les morceaux comme indique la seconde figure ; d'où   13×5 = 8×8

Qu'en pensez-vous ?

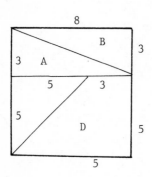

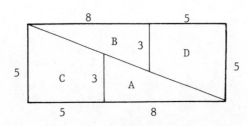

LE CERCLE

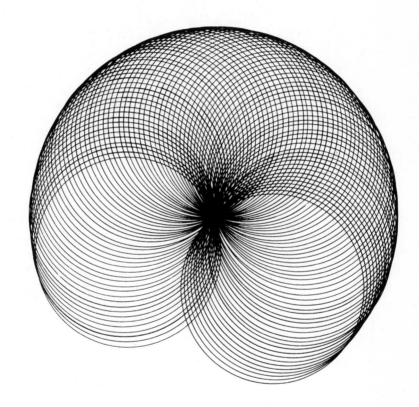

Un nénuphar double de surface
tous les jours. Au bout de 10 jours,
il recouvre totalement un bassin
circulaire. Au bout de combien de
temps en couvrait-il la moitié ?

LE CERCLE

Un cercle est une figure plane comprise par une seule ligne qu'on appelle circonférence, et telle que toutes les droites menées à la circonférence d'un des points placés dans cette figure sont égales entre elles

Euclide

L'image du cercle, comme celle de la sphère, a été en général ressentie comme celle d'une figure parfaite, exprimait des idéaux métaphysiques ou philosophiques. En Chine, le carré symbolique de la terre était complété par son contraire, le cercle parfait du ciel. L'accession à la vérité était fréquemment représentée par des cercles concentriques franchis les uns après les autres par le Sage.

En effet, le cercle incarne l'idée d'absolu. Les astronomes anciens expliquaient le mouvement des corps célestes par des combinaisons de mouvements circulaires, symbole de la perfection divine ; ceci conduisit Ptolémée à construire un système d'une bien étrange complexité. Il avait remarqué que les systèmes astronomiques ne pouvaient s'expliquer à l'aide d'un seul cercle et il élabora un système très complexe fondé sur une succession de cercles de dimensions différentes. Plus tard, le problème de la quadrature du cercle a donné lieu à de nombreuses spéculations : il s'agissait de trouver un carré de même aire qu'un cercle donné ou de construire un segment de ligne droite de même longueur qu'une circonférence.

Liées au problème de l'irrationnel, ces réflexions retiennent l'imagination des mathématiciens les plus curieux depuis longtemps ; il y a un papyrus de 1800 avant Jésus Christ qui y fait allusion, et on place au dis-septième siècle l'intuition de la transcendance de π.

Ensuite le roi fit la mer d'airain de 10 coudées d'un bord à l'autre bord. Elle était ronde, une corde de 30 coudées en faisait le tour.

La Bible

Les Grecs appelaient le cercle kuklos (cycle) et les Romains circu-
lus (cercle). Le mot diamètre est d'origine grecque, comme l'idée du rayon,
la ligne qui part du centre ; les Latins le désignent par le mot radius
(rayon).

Les termes d'arc, flèche, cordes, ont été empruntés à l'art de la
guerre. Plus tard, l'Académie française définit en 1877 l'arc comme "une
portion quelconque du cercle lorsqu'elle est moindre que sa moitié" ;
Ch. De Bouelles, en 1566, avait noté :

> *le cercle est la plus belle et la plus noble*
> *figure de toutes les autres superficies.*

CERCLE : ANGLES INSCRITS

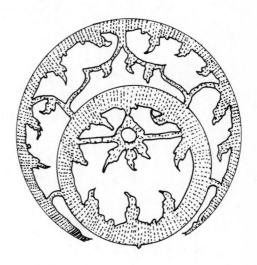

Le monde hier, demain, toujours, nous fait
voir notre image

Baudelaire

I ANGLES ?

La notion d'angle est l'une de celles qui effraie le plus les enseignants (et les élèves ?) et qui a fait, ces dernières années, couler
beaucoup d'encre. C'est une de ces notions au support intuitif familier
dont la définition - délicate - exige une "lourde artillerie" mathématique.
Si l'on ajoute à cela qu'il n'y a pas une notion d'angle, mais plusieurs,
qui varient avec l'utilisation qu'on veut en faire, et que l'on confond
souvent angle et mesure de l'angle, on comprend que le terrain soit épineux.

Alors nous réserverons pour d'autres heures cette pierre angulaire
de la géométrie. Notre but ici n'est que de passer en revue les divers
angles que nous pourrons rencontrer et il pourra même advenir qu'au hasard
des lignes se confondent parfois quelques angles aves leur mesure !

1.   Angles "quartier de tarte"

Angles saillants :

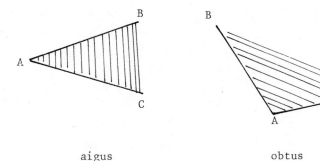

aigus   obtus

Angles rentrants :

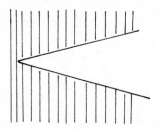
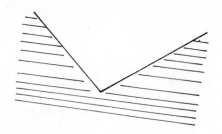

Nous utiliserons ces angles (saillants) dans les triangles... On parlera alors de l'angle BAC, ou, si aucun doute n'est possible, de l'angle $\hat{A}$. Il sera confondu fréquemment avec sa mesure, qui pour un angle saillant, est un nombre compris entre O et π radians.

2.   Angles de vecteurs

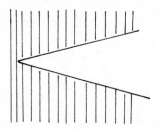

Les angles précédents ne peuvent être uti-lisés qu'isolés : les additionner simplement pose des problèmes : faire la somme de BAD et BAC ?

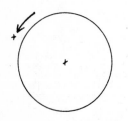

Alors on oriente le plan : on choisit un sens de parcours "positif" sur les cercles du plan, qui est tradionnellement le sens ci-contre.

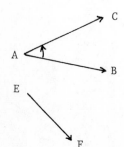

Et on parle *d'angle de vecteurs* (ou de demi droites) pour représenter la rotation qui permet de passer du vecteur $\overrightarrow{AB}$ au vecteur $\overrightarrow{AC}$, ou du vecteur $\overrightarrow{AB}$ au vecteur $\overrightarrow{EF}$...

. On notera $(\overrightarrow{AB},\overrightarrow{AC})$ ou $(\overrightarrow{AB},\overrightarrow{EF})$.

On peut alors faire des opérations sur ces "angles" en utilisant des règles simples de la composition des transformations. Par exemple :

$$(\overrightarrow{AB},\overrightarrow{AC}) + (\overrightarrow{AC},\overrightarrow{EF}) = (\overrightarrow{AB},\overrightarrow{EF})$$

$$(\overrightarrow{AB},\overrightarrow{AC}) = -(\overrightarrow{AC},\overrightarrow{AB}) = + (\overrightarrow{BA},\overrightarrow{AC}) + \Pi$$

La mesure de cet angle est un élément de $\dfrac{R}{2\Pi\mathbb{Z}}$: $(\overrightarrow{AB},\overrightarrow{AB})$ a pour mesure 0 ou 2Π ou 4Π... ce qui correspond à tourner d'un tour, de deux tours, etc. On écrira en général

$$(\overrightarrow{AB},\overrightarrow{AC}) = \alpha \qquad (\mathrm{mod}\ 2\Pi)$$

ce qui signifie que l'on peut choisir α aussi bien que tout représentant dans sa classe, dans $\dfrac{R}{2\Pi\mathbb{Z}}$.

3. Angles de droites (orientés)

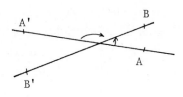

L'angle de vecteurs n'est pas approprié à l'étude des droites. Peut-on dire que l'angle des droites AA' et BB' est $(\overrightarrow{OA},\overrightarrow{OB})$ plutôt que $(\overrightarrow{OA'},\overrightarrow{OB})$?

Leurs mesures vérifient
$$(\overrightarrow{OA},\overrightarrow{OB}) = (\overrightarrow{OA'},\overrightarrow{OB}) + \pi(\mathrm{mod}\ \pi)$$

En effet une rotation d'angle Π transforme une droite globalement en elle-même, alors que le vecteur $\overrightarrow{OA}$ est transformé en $-\overrightarrow{OA}$.

On utilisera alors *un angle* dit *de droite* pour représenter l'une des rotations qui permet de passer de la droit D à la droite D', et on le notera (D;D').

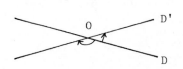

Ces angles ont les même propriétés opératoires que les précédentes, mais leur mesure est un élément de $\dfrac{R}{\Pi\mathbb{Z}}$.

on écrit : (D,D') = α (mod Π).

	Notation	Mesure en radians
A, B, C forming angle	$\widehat{CAB}$ ou $\widehat{BAC}$ ou $\widehat{A}$	nombre réel, entre 0 et π
A, B, C with vectors	$(\overrightarrow{AB}, \overrightarrow{AC})$ angles de vecteurs	élément de $\mathbb{R}/2\pi\mathbb{Z}$ "défini modulo 2π"
D', D crossing lines	(D, D') angle de droites	élément de $\mathbb{R}/\pi\mathbb{Z}$ "défini modulo π"

II ANGLES INSCRITS

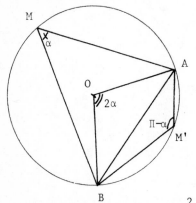

Soit (Γ) un cercle de centre O. Soient A et B deux points de ce cercle ; soient M et M' deux autres points du cercle, situés de part et d'autre de la droite AB.

2.1 Définitions :

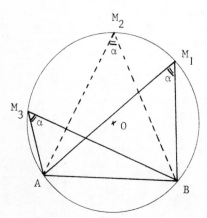

■. Le segment AB s'appelle *corde* du cercle (Γ).

. Les angles AMB et AM'B sont dits : *angles inscrits interceptant la corde AB*.

. L'angle AOB est dit : *angles au centre interceptant la corde AB*.   ■

Exercice 2.1

Montrer que :

a) Si M et O sont du même côté de AB, alors

$$\widehat{AOB} = 2\widehat{AMB}$$

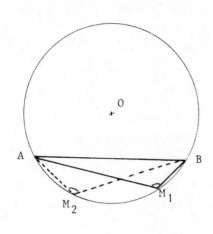

b) Si M' et O sont de part et d'autre de AB, alors

$$\widehat{AOB} = 2(\Pi - \widehat{AM'B})$$

c) En déduire que, quels que soient les points M_1 et M_2 du cercle, distincts de AB, les angles $\widehat{AM_1B}$ et $\widehat{AM_2B}$ sont égaux ou supplémentaires.

Tous les angles inscrits interceptant le même arc sont égaux ou supplémentaires.

2.2 Cas limite

Dans l'exercice précédent, on a exclu les cas où les points M_i étaient confondus avec A ou B. Que se passe-t-il alors ?

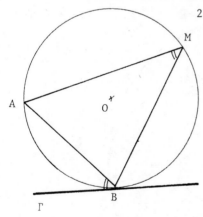

Exercice 2.2

En utilisant la point M_o, diématralement opposé au point B sur le cercle, démontrer que l'angle ABT que fait la tangente avec la corde est égal à l'angle inscrit AM_oB, qui intercepte la corde AB.

On rappelle que la tangente en B au cercle est perpendiculaire au diamètre BO.

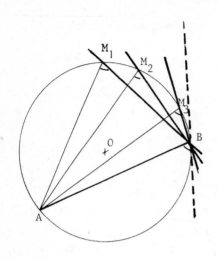

Remarque

Si l'on considère la tangente BT comme
limite de sécantes M_1B ; M_2B ; $M_3B...$, on
peut aussi dire que l'angle $\widehat{ABT}$ est égal
aux angles égaux $\widehat{AM_1B}$; $\widehat{AM_2B}$; $\widehat{AM_3B}...$,
angles dont il est la limite.

Cet énoncé souligne l'aspect intuitif de
la tangente à un cercle comme limite de
sécantes à ce cercle.

Le résultat pressenti intuitivement est
ici valide. Cependant, il faut se méfier
de ce genre de démonstration : on donne
ci-dessous un exemple de passage à la limite qui induit un résultat évidemment
faux.

✖   <u>La circonférence d'un cercle est égale à son diamètre</u>

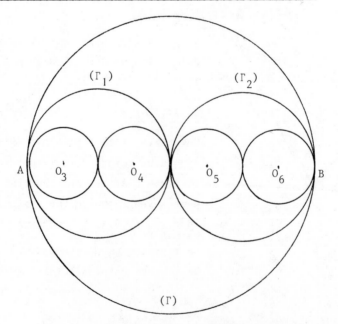

. Soit Γ un cercle de centre O, de diamètre D. Sa circonférence
est πD.

. Les 2 cercles de diamètre AO et OB ont pour circonférence $\pi\dfrac{D}{2}$
et $\pi\dfrac{D}{2}$: la somme des circonférences est toujours πD.

. Les 4 cercles de diamètres AO_1 ; O_1O ; OO_2 ; O_2B ont pour circonférence $\pi \dfrac{D}{4}$ chacun : la somme des circonférences est encore πD.

. Si l'on continue ainsi, la somme des longueurs des circonférences ont toujours pour somme la longueur de la circonférence initiale πD.

A la limite, ces circonférences se confondent avec AB, et on a bien $\pi D = D$.

2.3 Autres formulations

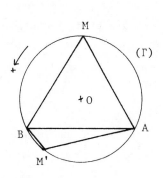

Soit (Γ) un cercle de centre O. Soient M et M' deux points de (Γ) distincts de A et B, tels que M soit du même côté que O par rapport à AB, et M' du côté opposé.

. Si l'on utilise les angles de vecteurs orientés, on obtient

$$(\overrightarrow{MA},\overrightarrow{MB}) = \alpha \ (2\pi) \quad \text{et} \quad (\overrightarrow{M'A},\overrightarrow{M'B}) = \alpha-\pi \ (2\pi)$$

et α peut être choisi réel, positif, compris entre 0 et $\dfrac{\pi}{2}$ (en radians)

. Si l'on utilise des angles de droites orientés, on aura une seule formule :

$$(MA,MB) = (M'A,M'B) \quad (\mathrm{mod}\ \pi)$$

. Si l'on utilise des angles géométriques, comme précédemment, on a :

$$\widehat{AMB} + \widehat{AM'B} = \pi$$

III VOIR UN SEGMENT ?

3.1 Arc capable

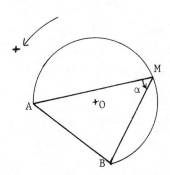

On a vu précédemment que, si (Γ) est un cercle et AB une corde de ce cercle, alors pour tous les points M de l'arc de cercle délimité par A et B, on a

$$(\overrightarrow{MA},\overrightarrow{MB}) = \alpha \quad (\mathrm{mod}\ 2\pi)$$

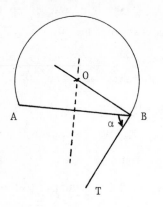

Soit un segment AB, et α un nombre réel.
Quel est l'ensemble des points M tels que
$(\overrightarrow{MA}, \overrightarrow{MB}) = \alpha$ (mod 2π) ?

*Exercice 3.1   Montrer le théorème suivant :

■ Soient A et B deux points distincts d'un
plan (P) orienté, et α un nombre réel
distinct de kπ, l'ensemble E des points
M tels $(\overrightarrow{MA}, \overrightarrow{MB}) = \alpha$ (mod 2π) est un arc
de cercle (qui s'appelle traditionnellement
arc capable de AB, ou arc d'où l'on voit
AB sous l'angle α).   ■

Indications

Pour la démonstration, on remarquera
que, dans le cas où α est compris
entre 0 et $\frac{\pi}{2}$ (mod 2π), le centre O
de l'arc de cercle cherché peut-être
obtenu comme intersection de la médiatrice de AB avec la perpendiculaire en B à la droite BT définie par
$(\overrightarrow{BA}, \overrightarrow{BT}) = \alpha$ (mod 2π).
Pour les autres valeurs de α, on
utilisera la remarque ci-dessous.

Remarque

Soient (Γ) et (Γ') deux cercles de
rayons égaux. Ils se coupent en A
et B. Soient Γ_1 ; Γ_2 ; Γ_3 ; Γ_4 les
quatre arcs $\overset{\frown}{AB}$ déterminés sur ces
deux cercles. Alors

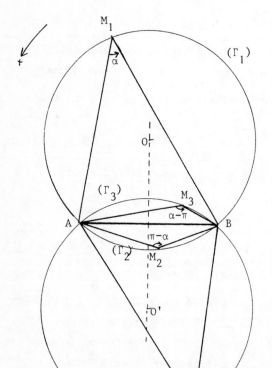

$$\forall M_1 \in \Gamma_1 \quad (\overrightarrow{M_1A}, \overrightarrow{M_1B}) = \alpha \ (2\pi)$$

$$\forall M_4 \in \Gamma_4 \quad (\overrightarrow{M_4A}, \overrightarrow{M_4B}) = -\alpha$$

$$\forall M_3 \in \Gamma_3 \quad (\overrightarrow{M_3A}, \overrightarrow{M_3B}) = \alpha-\pi \ (2\pi)$$

$$\forall M_2 \in \Gamma_2 \quad (\overrightarrow{M_2A}, \overrightarrow{M_2B}) = \pi-\alpha \ (2\pi)$$

3.2 Rapport des distances à deux points donnés.

** Exercice 3.2.1

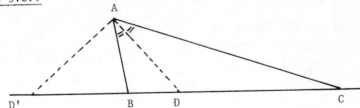

Soit ΛBC un triangle et (AD,AD') les bissectrices de l'angle A. Montrer que

$$\begin{cases} \dfrac{\overline{DB}}{\overline{DC}} = - \dfrac{\overline{D'B}}{\overline{D'C}} \\[2mm] \dfrac{DB}{DC} = \dfrac{AB}{AC} \end{cases}$$

Exercice 3.2.2

Soit ABC un triangle et D un point de la droite BC, montrer que si $\dfrac{DB}{DC} = \dfrac{AB}{AC}$, alors AD est l'une des bissectrices de l'angle A.

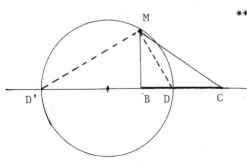

** Exercice 3.3.3

■ Soit BC un segment et k un nombre réel. Alors l'ensemble des points M tels que $\dfrac{MB}{MC} = k$ est le cercle de diamètre DD'

(avec $\dfrac{\overline{DB}}{\overline{DC}} = - \dfrac{\overline{D'B}}{\overline{D'C}} = \pm k$)   ■

IV POLYGONES INSCRIPTIBLES

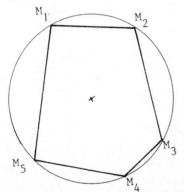

Exercices

4.1 Trouver une condition simple pour qu'un quadrilatère soit incriptible. Généraliser à un polygone.

4.2 Inscrire un carré dans un cercle, puis un octogone régulier. Calculer son côté en fonction du rayon.

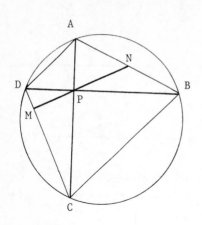

4.3   Mêmes questions pour un hexagone re-
gulier, un triangle équilatéral.

** 4.4   Soit ABCD un quadrilatère inscriptible tel que AC et BD soient orthogonales en   P.

Montrer que toute droite passant par
P et orthogonale à un des côtés coupe
le côté opposé en son milieu.

(On pourra montrer que PN est la
médiane du triangle rectangle ABP).

**   4.5

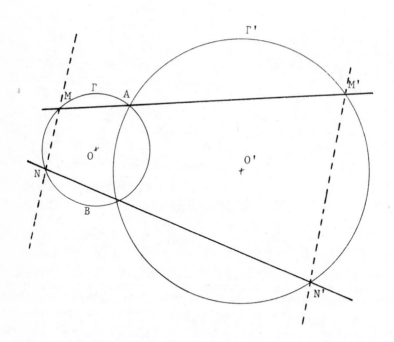

Deux cercles Γ   et   Γ' se coupent en A et B. Une droite passant
par A (respectivement B) coupe Γ et Γ' en M et M' (resp. N et N').

Montrer que MN est parallèle à M'N'.

V DANS LE TRIANGLE

Un triangle est toujours inscriptible dans un cercle (son cercle circonscrit) et admet toujours un cercle inscrit. (Quand est-ce vrai pour un polygone ?).

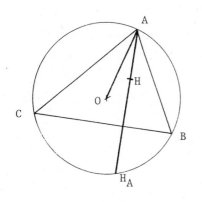

Exercice 5.1

* *L'orthocentre du triangle* (point de concours des hauteurs).

a) Montrer que les droites AH et AO sont symétriques par rapport à la bissectrice de l'angle $\hat{A}$.

b) Soit H_A le symétrique de H par rapport à BC. Montrer que H_A est sur le cercle circonscrit au triangle.

4.2 <u>Droites de Simon</u> (mathématicien écossais 1687-1768)

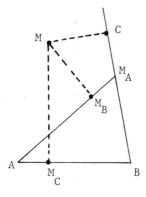

. Soit ABC un triangle et Γ son cercle circonscrit, soit M un point quelconque et M_A M_B M_C les projections orthogonales de M sur BC ; CA ; AB respectivement.

Si M_A M_B M_C ne sont pas alignés, ils constituent un triangle dit triangle podaire de M relativement à ABC (cf. fiche sur le triangle : le triangle orthique de ABC étant le triangle podaire de l'orthocentre).

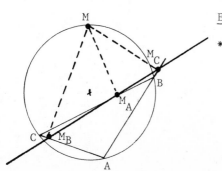

Exercice 5.2

*** <u>Montrer que</u> $M_A M_B M_C$ sont alignés si et seulement si M est sur le cercle circonscrit à ABC.

<u>Définition</u> : La droite $M_A M_B M_C$ s'appelle alors *la droite de Simson de* M relativement à ABC.

*   5.3 Exercices

a) Quel est le point du cercle circonscrit à ABC dont la droite de Simson est CA ?

b) Un point peut-il être situé sur sa propre de Simson ? Quelle est alors cette droite ?

c) Soit M un point et Δ une droite. Peut-on trouver un (ou plusieurs) triangle ABC tel(s) que Δ soit la droite de Simson de M relativement à ABC ?

d) Montrer que les cercles circonscrits aux quatre triangles formés par trois des quatre droites d'un quadrilatère complet ont un point commun. (On appelle quadrilatère complet la figure formée par quatre droites : il a en général 6 sommets et 3 diagonales).

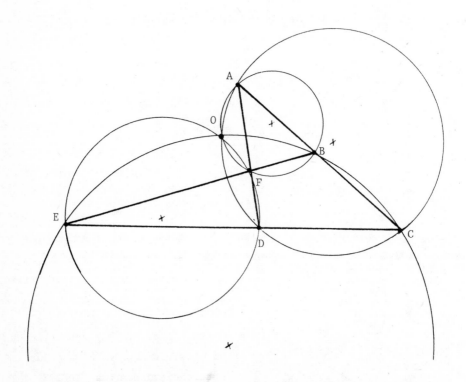

INDICATIONS POUR LA CORRECTION

Celui qui peint une cible sur la fenêtre
de son jardin peut être certain qu'on tirera
dedans

Lichtenberg

II ANGLES INSCRITS

Exercice 2.1

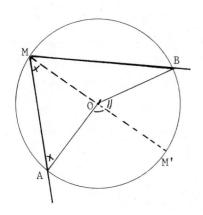

a) ■ On a : (dans le cas de figure où $\widehat{AMB}$ est aigu)

* $\widehat{AMB} = \widehat{AMO} + \widehat{OMB}$

* $2\,\widehat{AMO} = \widehat{AOM'}$ \
  $2\,\widehat{OMB} = \widehat{M'OB}$ } angles à la base de triangles isocèles, et supplémentaires de l'angle au sommet

* $\widehat{AOM'} + \widehat{M'OB} = \widehat{AOB}$

* Donc $2\,\widehat{AMB} = \widehat{AOB}$ c.q.f.d. ■

b) Si M et O sont de part et d'autre de AB, soit M' le point du cercle diamétralement opposé à M. Les triangles MBM' et MAM' sont rectangles en B et A.

On a donc :

$$\widehat{BMM'} + \widehat{BM'M} = \frac{\pi}{2} \quad \text{et} \quad \widehat{AMM'} + \widehat{AM'M} = \frac{\pi}{2}$$

d'où

$$\widehat{AMB} + \widehat{AM'B} = \widehat{AMM'} + \widehat{M'MB} + \widehat{AM'M} + \widehat{MM'B}$$
$$= \frac{\pi}{2} + \frac{\pi}{2} = \pi$$

D'après a) $2\,\widehat{AM'B} = \widehat{AOB}$

donc $2\,\widehat{AMB} = 2(\pi - \widehat{AOB})$

c.q.f.d.

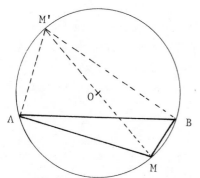

c) Quelle que soit la position de M sur l'arc AB on a :

$$\widehat{AMB} = \frac{1}{2}\,\widehat{AOB} \qquad \text{si M et O sont du même côté de AB.}$$

$$\widehat{AMB} = \pi - \frac{1}{2}\,\widehat{AOB} \qquad \text{si M et O sont de part et d'autre de AB.}$$

Tous ces angles sont donc égaux ou supplémentaires.

Exercice 2.2. Cas limite

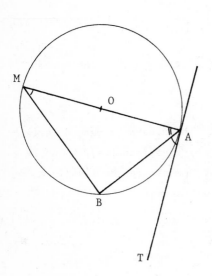

Il s'agit de montrer que tout angle ins-crit interceptant AB est égal à l'angle que fait AB avec la tangente AT en A au cercle.

Tous les angles inscrits interceptant AB étant égaux, il suffit de le montrer pour l'angle $\widehat{AMB}$ tels que A et M soient diamétralement opposés sur le cercle.

L'angle $\widehat{ABM}$ est droit (intercepte un diamètre) donc

$$\left.\begin{array}{r} \widehat{AMB} + \widehat{BAM} = \dfrac{\pi}{2} \\[2mm] \widehat{TAB} + \widehat{BAM} = \dfrac{\pi}{2} \end{array}\right\} \implies \widehat{AMB} = \widehat{TAB}$$

c.q.f.d.

Exercice 3.1. Arc capable

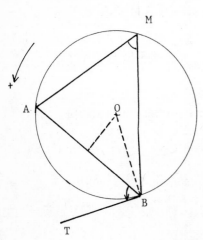

a) Si $\alpha = 0$, l'ensemble cherché est formé des deux demi-droites d'origine A et B, extérieur au segment AB. On peut les con-sidérer comme un arc de cercle de rayon infini, de corde AB.

b) α étant compris entre 0 et $\dfrac{\pi}{2}$, on cons-truit un cercle Γ de centre 0, on con-sidère un arc de ce cercle, et on montre qu'il constitue la réponse au problème posé.

Construction

Soit la droite telle que $(\vec{BA},\vec{BT}) = \alpha$ (mod 2π). Cette droite existe, est unique, non confondue avec BA ($\alpha \neq 0$), et ne lui est pas orthogonale ($\alpha \neq \frac{\pi}{2}$). Par conséquent, elle admet avec la médiatrice de AB un point d'intersection O. Soit (Γ) le cercle de centre O qui passe par A et B. BT est, par construction, tangente à ce cercle. Soit (Γ^+) l'arc de ce cercle déterminé par A et B, tel que tout point de (Γ^+) soit du même côté que O par rapport à AB.

(Γ^+) est inclus dans l'ensemble E cherché

$\forall$ M $\in (\Gamma^+)$ $(\vec{MA},\vec{MB}) = (\vec{BA},\vec{BT}) = \alpha$ (mod 2π)   donc   M $\in$ E

$\qquad\qquad (\Gamma^+) \subset E$

L'ensemble cherché est inclus dans (Γ^+)

Soit M un point de E. Alors M n'est pas aligné avec A et B ; donc le cercle (Γ_o) déterminé par les trois points A ; B ; M ; existe. Il admet en B une tangente BT' telle que $(\vec{BA},\vec{BT'}) = (\vec{MA},\vec{MB})$ donc $(\vec{BA},\vec{BT'}) = \alpha$ (mod 2π), donc BT' = BT et (Γ_o) est confondu avec (Γ) ; α étant compris entre 0 et $\frac{\pi}{2}$, M et O sont du même côté de AB, donc M appartient à (Γ^+) : E est inclus dans (Γ^+)

(Γ^+) est bien l'ensemble cherché.

c) Les cas où α est égal à $\frac{\pi}{2}$, ou non compris entre 0 et $\frac{\pi}{2}$, se déduisent sans difficulté de ce qui précède et de la remarque 3.1.

Exercices 3.2. Rapport des distances à deux points donnés.

Exercice 3.2.1

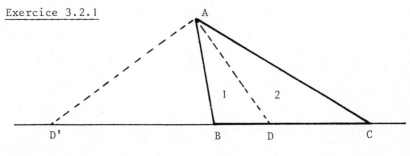

$$\frac{DB}{\sin \frac{A}{2}} = \frac{AB}{\sin D_1}\qquad \text{dans le triangle } ABD$$

$$\frac{DC}{\sin \frac{A}{2}} = \frac{AC}{\sin D_2} \qquad \text{dans le triangle} \quad ACD$$

et $\quad D_1 = \pi - D_2 \quad$ donc $\quad \sin D_1 = \sin D_2 \quad$ d'où $\quad \dfrac{DB}{DC} = \dfrac{AB}{AC}.$

* $\quad \dfrac{D'B}{\sin \left(\frac{\pi}{2} - \frac{A}{2}\right)} = \dfrac{AB}{\sin D'} \qquad$ dans le triangle $\quad ABD'$

$\quad \dfrac{D'C}{\sin \left(\frac{\pi}{2} + \frac{A}{2}\right)} = \dfrac{AC}{\sin D'} \qquad$ dans le triangle $\quad ACD'$

et $\quad \sin \left(\dfrac{\pi}{2} - \dfrac{A}{2}\right) = \cos \dfrac{A}{2} = \sin \left(\dfrac{\pi}{2} + \dfrac{A}{2}\right)$

d'où $\quad \dfrac{D'B}{D'C} = \dfrac{AB}{AC}$

* $\quad$ D est entre A et B, et D' extérieur à AB, donc

$$\frac{\overline{D'B}}{\overline{D'C}} = - \frac{\overline{DB}}{\overline{DC}}$$

Exercice 3.2.2

Si $\quad \dfrac{DB}{DC} = \dfrac{AB}{AC} ,\quad$ alors $\quad \widehat{BAD} = \dfrac{\widehat{A}}{2} \quad$ ou $\quad \dfrac{\pi}{2} + \dfrac{A}{2} \quad$ ou $\quad \dfrac{\pi}{2} - \dfrac{A}{2} \quad$ donc $\quad$ D est le pied de l'une des bissectrices.

Exercice 3.2.3

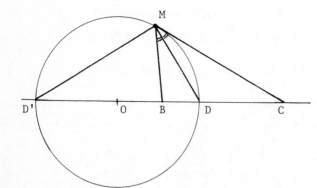

Soient D et D' les points de la droite BC tels que

$$\frac{\overline{DB}}{\overline{DC}} = - \frac{\overline{D'B}}{\overline{D'C}} = - |k|$$

Soit Γ le cercle de diamètre DD'.

* $\quad$ Si M est tel que $\dfrac{MB}{MC} = k$, alors $\dfrac{MB}{MC} = \dfrac{DB}{DC} = \dfrac{D'B}{D'C}$ donc MD et MD' sont les bissectrices de (MB,MC) donc l'angle DMD' est droit, donc M est sur le cercle Γ.

<u>1ère méthode</u>

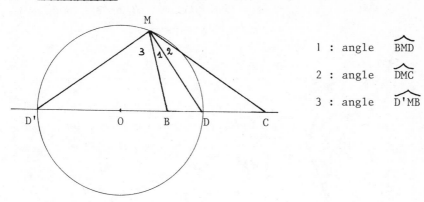

1 : angle $\widehat{BMD}$

2 : angle $\widehat{DMC}$

3 : angle $\widehat{D'MB}$

*   Si M est sur le cercle Γ, alors le faisceau (MD',MD,MB,MC) est un faisceau harmonique qui a deux rayons orthogonaux, donc (MD,MD') sont bissectrices de (MB,MC), donc $\dfrac{MB}{MC} = \dfrac{DB}{DC} = k$ et M répond au problème. (cf. fiche sur la division harmonique).

<u>2ème méthode</u>

d'une manière analogue aux précédentes, on montre que

$$\left. \begin{array}{l} \dfrac{DB}{DC} = \dfrac{MB}{MC} \times \dfrac{\sin 1}{\sin 2} \\[2ex] \dfrac{D'B}{D'C} = \dfrac{M'B}{M'C} \times \dfrac{\sin 3}{\sin (3+2+1)} \end{array} \right\} \Rightarrow \dfrac{\sin 1}{\sin 2} = \dfrac{\sin 3}{\sin 3+2+1} = \dfrac{\sin \left(\dfrac{\pi}{2} - 1\right)}{\sin \left(\dfrac{\pi}{2} + 2\right)} = \dfrac{\cos 1}{\cos 2}$$

c'est-à-dire que (MD,MD') sont bissectrices de (MB,MC).

IV POLYGONES INSCRIPTIBLES

Exercices

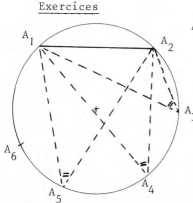

4.1 Pour un *quadrilatère* :

$$(A_4A_1, A_4A_2) = (A_3A_1, A_3A_2) \qquad (\text{mod } \pi)$$

Pour un *polygone* quelconque

$$\forall_i \ \forall_j \quad (A_iA_1; A_iA_2) = (A_jA_1, A_jA_2) \ (\text{mod } \pi)$$

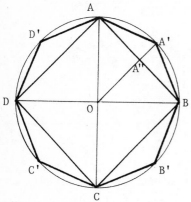

4.2 Pour un *carré* : tracer deux diamètres perpendiculaires AC er BD (peut se réaliser sans équerre).

$$AB^2 = R^2 + R^2 \qquad \boxed{AB = R\sqrt{2}}$$

Pour un *octogone* régulier : à partir du carré, prendre les milieux des arcs $\overparen{AB}$, $\overparen{BC}$... (avec le compas) OA" = A"B (triangle isocèle)

$$\Longrightarrow OA" = \frac{R\sqrt{2}}{2}$$

$$\Longrightarrow A"A' = R - \frac{R\sqrt{2}}{2} = R\,\frac{\sqrt{2}-1}{\sqrt{2}}$$

d'où $(A'B)^2 = (A"B)^2 + (A"A')^2$

$$\boxed{A'B = R\sqrt{2 - \sqrt{2}}}$$

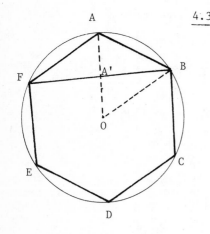

4.3 *hexagone régulier* : à partir d'un point A quelconque, reporter 6 fois le rayon. On obtient des angles au centre :

$(OA,OB) = \dfrac{2\pi}{6} = \dfrac{\pi}{3}$ et un hexagone de côté

$$\boxed{AB = R}$$

triangle équilatéral : il suffit de retenir un sommet sur deux de l'hexagone. Son côté est FB = 2 A'B

$$(A'B)^2 = (OB)^2 - (OA')^2 = R^2 - \left(\frac{R}{2}\right)^2$$

$$\boxed{FB = R\sqrt{3}}$$

* <u>4.4</u>

. $\widehat{PCD} = \widehat{DPM}$ car ils sont tous deux les

compléments de $\widehat{CPM}$:

$\widehat{PCD} + \widehat{CPM} = \frac{\pi}{2} = \widehat{CPM} + \widehat{DPM}$

. $\widehat{PCD} = \widehat{PBA}$ (comme angles inscrits inter-

ceptant AD)

. $\widehat{DPM} = \widehat{NPB}$ (angles opposés par le sommet)

donc $\widehat{NPB} = \widehat{NBP} = \frac{\pi}{4}$

d'où NP = NB et NP = NA

d'où NB = NA : N milieu de AB

c.q.f.d.

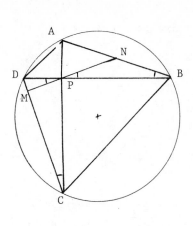

* <u>4.5</u>

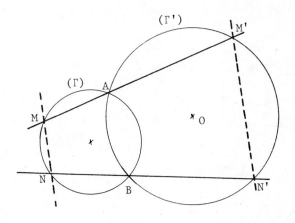

$\begin{cases} (M'N', M'A) = (BA, BN') \pmod{\pi} \\ (MA, MN) = (BN, BA) \pmod{\pi} \end{cases}$ angles inscrits

$\Rightarrow (M'N' ; M'A) + (M'A, NM) = (M'N', M'A) + (AM, NM)$

$(M'N', NM) = (BA, BN') + (BN, BA) \pmod{\pi}$

$(M'N', NM) = 0 \pmod{\pi}$

les deux droites sont parallèles.

*   4.1 <u>L'orthocentre du triangle</u>

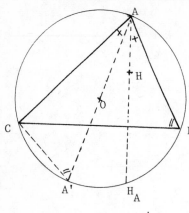

. $\widehat{CA'A} = \widehat{CBA}$ (angles inscrits...)

$\widehat{CAO} = \frac{\pi}{2} - \widehat{CA'A}$

$\widehat{BAH} = \frac{\pi}{2} - \widehat{CBA}$

donc $\widehat{CAO} = \widehat{BAH}$

Soit : AO et AH symétriques par rapport aux bissectrices de l'angle $\widehat{A}$.

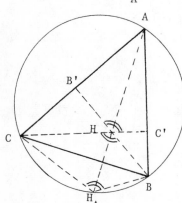

. $\widehat{B'AC'} + \widehat{B'HC'} = \pi$ car le quadrilatère AB'HC' a deux angles droits en B' et C'.

$\widehat{B'HC'} = \widehat{BHC}$ angles "opposés par le sommet (!)

$\widehat{BH_A C} = \widehat{BHC}$ car H_A est le symétrique de H par rapport à BC

donc $\widehat{BH_A C} + \widehat{BAC} = \pi$

donc H_A est sur le cercle ABC.

4.2 <u>Droites de Simson</u>

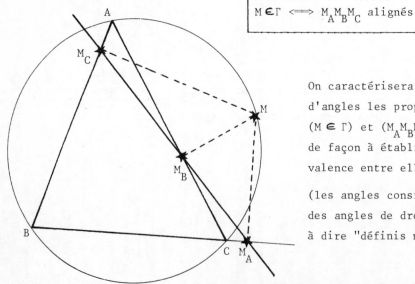

$$\boxed{M \in \Gamma \iff M_A M_B M_C \text{ alignés}}$$

On caractérisera en termes d'angles les propriétés $(M \in \Gamma)$ et $(M_A M_B M_C$ alignés) de façon à établir une équivalence entre elles.

(les angles considérés sont des angles de droite, c'est à dire "définis modulo π").

(i) . $\forall$ M (non sur les côtés du triangle)

MM_BM_CA sont cocycliques :

$$(MM_C,MM_B) = (AM_C,AM_B) = (BA,AC)$$

MM_BM_AC sont cocycliques :

$$(MM_B,MM_A) = (CM_B,CM_A) = (AC,BC)$$

donc : $\forall$ M $(MM_C,MM_A) = (BA,BC)$ (mod π)

(ii) . $\forall$ M M_BM_ACM sont cocycliques :

$$(M_BC,M_BM_A) = (MC,MA)$$

M_BM_CAM sont cocycliques :

$$(M_BA,M_BM_C) = (MA,MC)$$

(iii) . M $\in$ Γ $\iff$ (MA,MC) = (BA,BC)

$\iff$ (MA,MC) = (MM_C,MM_A) (i)

(iv) . $M_AM_BM_C$ alignés $\iff$ $(M_BC,M_BM_A) = (M_BA,M_BM_C)$

$\iff$ $(MC,MM_A) = (MA,MM_C)$ (ii)

et on a bien (iii) $\iff$ (iv)

c'est-à-dire (M$\in$Γ) $\iff$ ($M_AM_BM_C$ alignés)

4.3 Exercices concernant les droites de Simson

<u>4.3</u> a) *Point du cercle circonscrit dont la droite de Simson est* CA ?

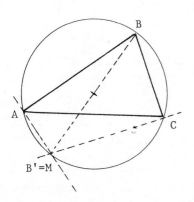

* Si M existe,

. Sa projection M_A sur BC doit être aussi sur CA, donc est le point C : M appartient à la perpendiculaire en C à BC, qui coupe Γ en C et B'.

(B' point diamétralement opposé à B sur Γ)

. Sa projection M_C sur BA doit être sur CA donc est le point A : M appartient à la perpendiculaire en A à BA, qui coupe Γ en A et B'.

. M doit donc être en B'.

* Réciproquement : le point B' diamétralement opposé à B est bien un point qui convient.

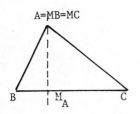

<u>4.3</u> b) *Point situé sur sa propre droite de Simson*

. On a vu que : $\forall$ M

$(MM_C, MM_A) = (BA, BC)$ (mod π)

donc si M était sur $M_A M_B M_C$ on aurait :

$(BA ; BC) = 0$ (mod π).

. Si ABC est un triangle dégénéré (plat) cette droite est la droite de Simson de tous ses points.

. Sinon, le problème n'est possible que si M est l'un des sommets du triangle.

<u>4.3</u> c) Pour tout choix de trois points $M_A M_B M_C$ distincts sur Δ on peut construire un triangle ABC tel que la droite de Simson de M soit Δ.

<u>4.3</u> d) *Quadrilatère complet*

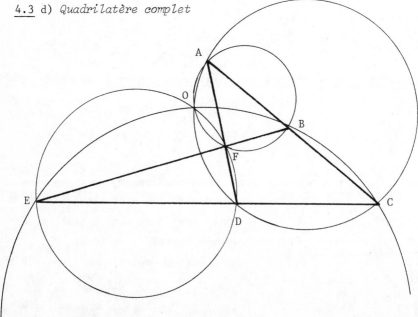

. Les cercles circonscrits aux triangles ABF et EDF ne sont pas tangents, car AB n'est pas parallèle à ED. Soit O leur second point d'intersection.

. Les droites de Simson de O par rapport à ABF et EDF sont confondues, puisqu'elles ont deux points communs distincts : les projections orthogonales de O sur $BF = FE$ et sur $AF = FD$.

. Les projections orthogonales de O sur AC et AD et DC sont alignés. Donc O est sur le cercle circonscrit à ADC.

. On démontre d'une façon analogue que O est sur le cercle circonscrit au triangle BEC.

c.q.f.d.

EXERCICES

1.   On prolonge les bissectrices intérieures des angles d'un triangle ABC jusqu'à leur point d'intersection $A'B'C'$ avec le cercle circonscrit. Trouver les expressions des angles du triangle $A'B'C'$ en fonction des angles du triangle ABC.

2.   Soit P un point qq situé dans le plan d'un triangle équilatéral ABC. Montrer que $PC + PA = PB$ ou $PC + PA > PB$ (en fonction de la position de P, sur l'arc CA du cercle circonscrit, ou non).

3.   Montrer que :

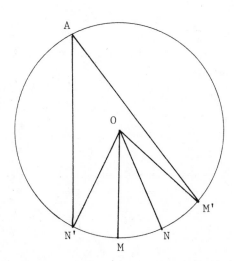

a) si 4 points $MNM'N'$ vérifient $N'M = NM = NM'$ et $\widehat{N'MN} = \widehat{MNM'} = \pi - 2a > \dfrac{\pi}{3}$, alors il sont cocycliques.

De plus, si A est tel que $\widehat{N'AM'} = 3a$ et n'est pas du même côté que N par rapport à la droite $M'N'$ alors A est sur le cercle $MNM'N'$

b) "Etant donné un triangle dont chaque angle est partagé en trois parties égales par deux demi-droites issues du sommet, les six demi-droites prises deux à deux adjacentes à un côté du triangle se coupent aux sommets d'un triangle équilatéral" (Th. de Morley) démontrer ce théorème.

4.

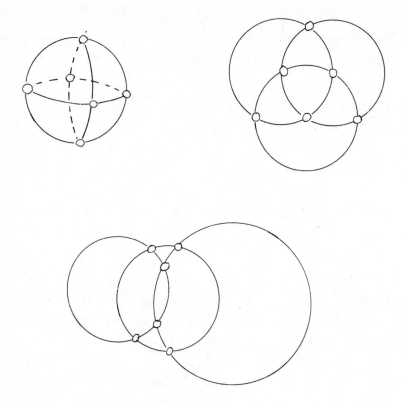

Placer dans les cases, les nombres de 1 à 6, de façon à obtenir (pour chaque figure) le même total dans chaque cercle.

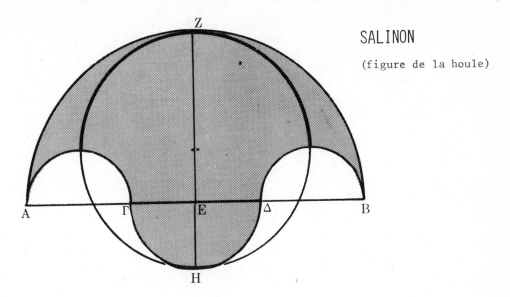

SALINON

(figure de la houle)

Soit un demi-cercle AB. De son diamètre AB retranchons les parties égales AΓ ; BΔ. Sur les droites AC, CD, BD, décrivons des demi-circonférences ; que E soit le centre des demi-circonférences AB, ΓΔ. Que EZ soit perpendiculaire sur AB et prolongeons EZ vers H. Je dis que le cercle qui a ZH pour diamètre est égal à la surface comprise par la demi circonférence du grand demi cercle, par la demi-circonférence des deux demi cercles qui sont placés dans le grand demi-cercle et enfin par la demi-circonférence du demi-cercle qui est hors du grand demi-cercle. La figure comprise entre les quatre demi-circonférences des quatre demi-cercles AB, ΓΔ, ΔB, ΔΓ s'appelle salinon.

Archimède – Lemmes

ARBELOS

(tranchet de

cordonnier)

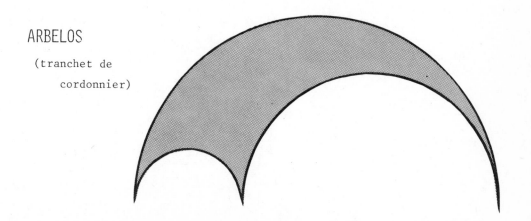

LE CERCLE : PUISSANCE D'UN POINT

Lycée Malherbe, Caen

LE CERCLE

La vie est probablement ronde.

Van Gogh

I. PUISSANCE D'UN POINT PAR RAPPORT A UN CERCLE

1.1. Définitions

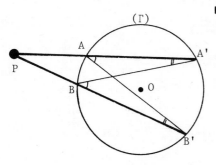

■ Théorème :

Soit Γ un cercle de centre O et P un point. Si deux droites issues de P coupent Γ en A, A' et B, B', alors $\overline{PA}.\overline{PA'} = \overline{PB}.\overline{PB'}$. ■

Preuve : Les triangles PAB' et PBA' sont semblables (angles égaux).

Donc $\dfrac{PA}{PB} = \dfrac{PB'}{PA'}$, soit PA.PA' = PB.PB'

par ailleurs si P est extérieur au cercle, P extérieur à AA' et BB'.

Si P est intérieur au cercle, P est intérieur à AA', BB' ; si P est sur le cercle...   c.q.f.d.

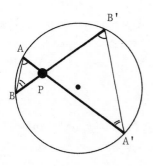

■ On appelle puissance de P par rapport au cercle Γ et on note $\mathbf{P}_\Gamma(P)$ la quantité

$$\boxed{\mathbf{P}_\Gamma(P) = \overline{PA}.\overline{PA'}}$$ ■

On notera que :

. Si P est intérieur au cercle :
  $\mathbf{P}_\Gamma(P) < 0$

  Si P est sur le cercle : $\mathbf{P}_\Gamma(P) = 0$

  Si P est extérieur au cercle :
  $\mathbf{P}_\Gamma(P) > 0$

. Si P est extérieur au cercle, et si T est le point de contact avec (Γ) d'une tangente au cercle issue de P, alors

$$\boxed{P_\Gamma(P) = PT^2 = d^2 - R^2}$$

$d = OP$
$R = $ rayon de cercle

car $\begin{cases} P_\Gamma(P) = \overline{PA} . \overline{PA}' = (d-R)(d+R) = d^2 - R^2 \\ \\ PT^2 = OP^2 - OT^2 = d^2 - R^2 \end{cases}$

Expression de la puissance en coordonnées cartésiennes

Le cercle Γ a pour équation :

$$x^2 + y^2 - 2ax - 2by + c = 0$$

avec $R^2 = b^2 + a^2 - c$ et $\binom{a}{b}$ coordonnées du centre.

Posons $F(x,y) = x^2 + y^2 - 2ax - 2by + c$.

Soit $M(x_o, y_o)$ un point du plan, alors

$$P_\Gamma(M) = d^2 - R^2 = (x_o - a)^2 + (y_o - b)^2 - (b^2 + a^2 - c)$$

soit $\boxed{P_\Gamma(M) = F(x_o, y_o)}$

On retrouve que Γ, ensemble des points tel que $F(x,y) = 0$, est l'ensemble des points de puissance nulle (par rapport à lui-même), les points intérieurs à Γ ont une puissance négative, les points extérieurs une puissance positive.

2.1. Exercices

a)   Donner une CNS (condition nécessaire et suffisante) pour qu'un quadrilatère soit inscriptible.

b)   Soit Γ un cercle et K un nombre réel. Quel est l'ensemble des points M tels que

$$P_\Gamma(M) = K$$

d)   Soit A et B deux points et k un nombre réel. Quel est l'ensemble des points M tel que

$$\vec{MA} \cdot \vec{MB} = k \ ?$$

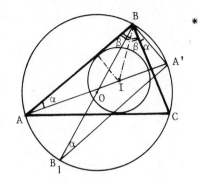

e) Formule d'Euler

Soit ABC un triangle, (Γ) son cercle
circonscrit de centre O de rayon R,
(C) son cercle inscrit de centre I de
rayon r. Soit d = OI

Montrer que $d^2 = R^2 - 2Rr$.

** Application

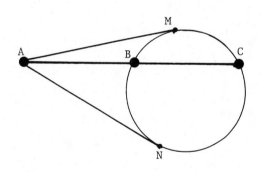

Soient deux cercles (Γ) de centre
O de rayon R et (C) de centre I
de rayon r.

Trouver une condition nécessaire et
suffisante pour qu'il existe un triangle ABC inscrit dans (Γ) et
dans lequel (C) soit inscrit.
Existe-t-il alors plusieurs triangles
répondant à la question ?

f)   On donne trois points A, B, C alignés dans cet ordre et on considère tous les cercles passant par B et C. On mène de A les tangentes
AM et AN à ces cercles. Quel est l'ensemble des points M et N ?

II. AXE RADICAL DE DEUX CERCLES

■   Le problème : Etant donné deux cercles (Γ) et (Γ') de centres
O et O' et de rayons R et R', quel est l'ensemble des points M qui
ont même puissance par rapport à (Γ) et (Γ') ?

On montre que cet ensemble est une droite orthogonale à OO', que
l'on appelle *axe radical* de (Γ) et (Γ'). ■

Preuve : Supposons le plan rapporté à un repère, soit

$F(xy) = 0$ l'équation de Γ :

$$F(x,y) = x^2+y^2 - 2ax - 2by + c$$

$F'(xy) = 0$ l'équation de Γ' :

$$F'(xy) = x^2+y^2 - 2a'x - 2b'y + c'$$

Si $M(x,y)$ vérifie $\mathbf{P}_\Gamma(M) = \mathbf{P}_{\Gamma'}(M)$

alors $F(x,y) = F'(x,y)$

soit $2(a-a')x + 2(b-b')y - (c-c') = 0$

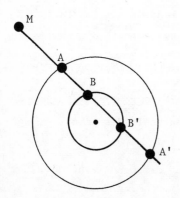

. Si $\begin{cases} a = a' & \text{il n'y a pas de solution} \\ b = b' \\ c \neq c' & \text{(les cercles sont concentri-} \\ & \quad \text{ques distincts)} \end{cases}$

. Si $\begin{cases} a = a' & \text{Tout le plan est solution} \\ b = b' \\ c = c' & \text{(cercles confondus)} \end{cases}$

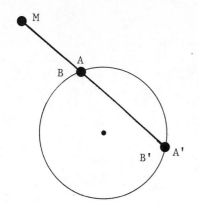

. Si a ≠ a' (l'ensemble cherché est une
droite de vecteur directeur
$\binom{a-a'}{b'-b}$, donc orthogonale à
$\overrightarrow{OO'}\begin{vmatrix} a'-a \\ b'-b \end{vmatrix}$

(ou b ≠ b')

<u>Construction</u> (il suffit de connaître un point de Δ, qui est ortho-
gonal à la ligne des centres).

Montrer que, dans les cas ci-dessous, la construction indiquée
fournit effectivement l'axe radical Δ des cercles donnés.

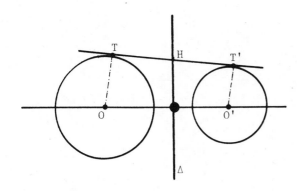

<u>Cercles extérieurs</u> (non sécants)

TT' est une tangente commune
aux deux cercles.

H est le milieu de TT'

Δ est la perpendiculaire menée
par H à OO'.

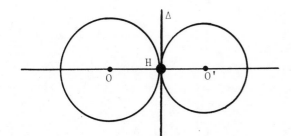

<u>Cercles tangents extérieurement</u> :

H est le point de contact des
deux cercles.

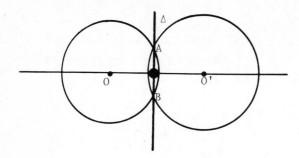

Cercles sécants :

Δ passe par les points A et B communs aux deux cercles.

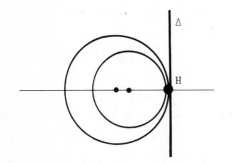

Cercles tangents intérieurement :

H est le point de contact des deux cercles.

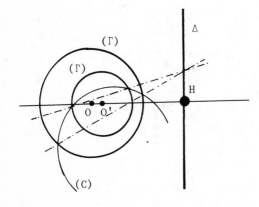

Cercles intérieurs :

(C) est un cercle quelconque sécant à Γ et Γ'.

H est le point d'interxection des axes radicaux de (Γ) et (C) et (Γ') et (C).

Exercices

a)   Soient (Γ) et (Γ') deux cercles.

Quel est l'ensemble des points M tels que MT = MT', où T et T' sont les points de contact des tangentes menées par M à (Γ) et (Γ') ?

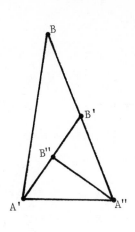

* b) Soit BA'A'' trois points non alignés.

On construit B'B'' $B_1B_1'B_1''$ tels qu'ils soient tous du même côté de A'A'' que B et que les six triangles ci-dessous soient semblables :

BA'A'' ; A'B'A'' ; A'A''B' ; B_1A'A'' ; A''B_1'A'' ;
A'A''B_1'

(La figure en présente trois. Les autres s'en déduisent par symétrie).

Montrer que BB'B''$B_1B_1'B_1''$ sont cocycliques. (On pourra considérer les cercles BB'B'' et $B_1B_1'B_1''$).

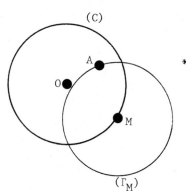

(C)

(Γ_M)

** c) Soit (C) un cercle de centre O.

Soit A un point quelconque.

Soit $\Gamma_{(M)}$ un cercle de centre M tel que M appartienne à (C) et $\Gamma_{(M)}$ passe par A.

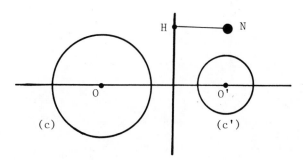

(c)   (c')

Montrer que quel que soit la position de M sur (c), l'axe radical de Γ_M et de (c) est tangent à un cercle fixe.

Remarque : on pourra d'abord évaluer en général, la différence $P_{(c)}(N) - P_{c'}(N)$, différence des puissances d'un point N par rapport à deux cercles, et montrer que :

$$P_c(N) - P_{c'}(N) = 2\overline{OO'}.\overline{HN}$$

*** d) Soient   ABA'B'   quatre points alignés.

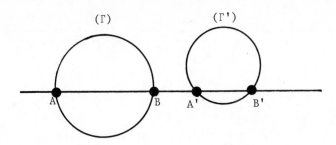

Montrer que l'axe radical d'un cercle   (Γ)   passant par   A   et   B
et d'un cercle   (Γ')   passant par   A'   et   B'   passe par un point indépendant de   (Γ)   et   (Γ').

En déduire l'ensemble des points   M, points de contact de deux cercles
Γ   et   Γ'   tangents.

III. FAISCEAU DE CERCLES

Le problème

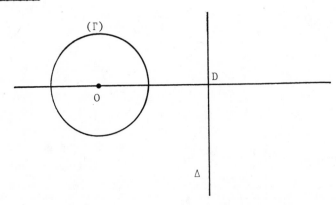

Partant de deux cercles   (Γ)   et   (Γ'), on avait cherché quel était
l'ensemble des points ayant même puissance par rapport à   (Γ)   et   (Γ') :
c'était l'axe radical   Δ.

Maintenant, partant d'un cercle   (Γ)   et d'une droite   Δ, on peut
se demander si il existe des cercles   (Γ')   tels que   Δ   soit l'axe radical de   (Γ)   et   (Γ').

Conditions et remarques :

Soient (Γ_o) un cercle et Δ une droite, soit $F(\Delta,\Gamma_o)$ la famille de cercles cherchés, c'est-à-dire que tout cercle de F admet avec (Γ_o) l'axe radical Δ :

. $F(\Delta,\Gamma_o) = \{(\Gamma) / (\Gamma_o)$ et (Γ) admettent Δ pour axe radical$\}$

. Tous les cercles de F sont centres sur D, perpendiculaires à Δ passant par O.

. La relation $R(\Gamma_o,\Gamma) \Longleftrightarrow (\Gamma_o)$ et (Γ) admettent Δ pour axe radical, est une relation d'équivalence définie sur l'ensemble des cercles du plan, et déterminée par Δ.

. On a : $\forall(\Gamma) \in F(\Delta,\Gamma_o)$ $F(\Delta,\Gamma) = F(\Delta,\Gamma_o)$

C'est-à-dire que la famille de cercles cherchée est déterminée par Δ, et par n'importe quel cercle Γ de la famille.

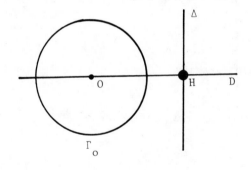

. Soit $F(\Delta,\Gamma_o)$ une famille de cercles.

Soit H le point d'intersection de D et Δ, alors

$P_{\Gamma_o}(H) = OH^2 - R^2$ noté p

et

$\forall(\Gamma) \in F$ $P_\Gamma(H) = P_{\Gamma_o}(H) = p$

$F \begin{cases} \text{- Donc rechercher } F \text{ à l'aide de } \Delta \text{ et } \Gamma_o \\ \text{- est équivalent à chercher } F \text{ à l'aide de } \Delta \text{ et } \Gamma \\ \text{- est équivalent à chercher } F \text{ à l'aide de } \Delta, D \text{ et } p \quad (p \text{ puis-} \end{cases}$

sance de H par rapport aux cercles de la famille cherchée).

1er cas

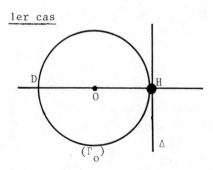

Chercher $F(\Delta,\Gamma_o)$ dans le cas où (Γ_o) est tangente à Δ en H.

(c'est-à-dire $p = P_{\Gamma_o}(H) = 0$)

2ème cas

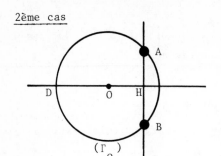

Chercher $\mathbf{F}(\Delta, \Gamma_o)$ dans le cas où

(Γ_o) coupe Δ en   A   et   B.

(alors $p = \mathbf{P}_{\Gamma_o}(H) < 0$)

3ème cas

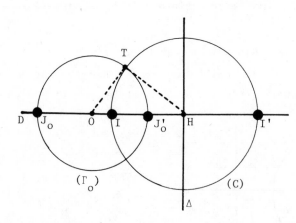

Chercher $\mathbf{F}(\Delta, \Gamma_o)$ dans le cas où Δ est extérieure à (Γ_o)

(alors $p = \mathbf{P}_{\Gamma_o}(H) > 0$.

On pourra mener la tangente   HT   à (Γ_o), tracer le cercle   (C), de centre   H   de rayon   HT, qui coupe   (D)   en   I   et   I'.

Alors $(II'J_oJ'_o) = -1$ et pour tout cercle de $\mathbf{F}$: $(II'JJ') = -1$ (cf. fiche sur la division harmonique).

Montrer que

$\mathbf{F}(\Delta, \Gamma_o) = \{$cercles centrés sur   D, qui coupent   D   en JJ', tels que
$\qquad (II', JJ') = -1.\}$

Remarquer

. que tous les cercles de $\mathbf{F}$ sont extérieurs à Δ

. que les centres des cercles sont à l'extérieur du segment   II'

. que le segment   II'   est déterminé par $HI^2 = HT^2 = p$.

Définition

On appelle faisceau de cercles d'axe radical Δ une famille **F** de cercles tels que deux cercles quelconques de la famille admettent Δ pour axe radical.

Il y a trois sortes de faisceaux :

. <u>Faisceaux à points de base</u> : tous les cercles passent par deux points A et B (p < 0).

. <u>Faisceaux tangents</u> : tous les cercles sont tangents à Δ en un point H (p = 0).

. <u>Faisceaux à points fixes</u> (<u>ou de Poncelet - ou points limites</u>) : tous les cercles sont extérieurs à Δ (3ème cas ci-dessous (p > 0).

Exercices

1)   <u>Construction des cercles d'un faisceau</u>

Soit **F** défini par la donnée de Δ axe radical, D ligne des centres, H point d'intersection de Δ et D, et p puissance de H par rapport à **F** .

a) Soit M un point donné. Construire le (les) cercle (s) de **F** passant par M.

*   b) Soit D' une droite : construire le (les) cercle (s) de **F** tangent à D'.

**   c) Soit (c) un cercle : construire le (les) cercle (s) de **F** tangent à (c).

2)   Mener par A et B (donnés) un cercle tangent à une droite donnée, à un cercle donné.

3)   Soient A et B deux points, soit c(k) le cercle ensemble des points M tels que $\frac{MA}{MB} = k$. Quel est l'ensemble des cercles c(k) quand k varie dans $\mathbb{R}$?

INDICATIONS POUR LA CORRECTION

On lui a dit que la vie était belle. Non !
La vie est ronde.

Joë Bousquet
Le meneur de lune

I. PUISSANCE D'UN POINT PAR RAPPORT A UN CERCLE

<u>Exercice a)</u>

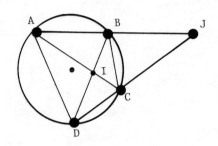

ABCD inscriptible $\iff \overline{IA}.\overline{IC} = \overline{IB}.\overline{ID}$
$\iff \overline{JA}.\overline{JB} = \overline{JC}.\overline{JD}$

<u>Exercice b)</u>

1) Recherche d'une condition nécessaire :

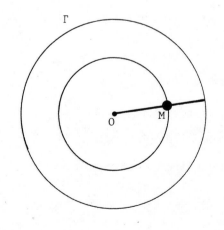

Soit (Γ) un cercle de centre O et de rayon R et soit K un nombre réel.

Soit M tel que $\mathbf{P}_\Gamma(M) = K$
alors $d^2 - R^2 = K$ (où d est la distance OM)
donc $d^2 = K + R^2$

On suppute donc que l'ensemble cherché soit le cercle de centre O, de rayon $d^2 = K + R^2$.

2) <u>Démonstration</u>

Soit Γ le cercle de centre O, de rayon R.
Soit K un nombre réel.

Soit $\mathbf{E} = \{M \ / \ \mathbf{P}_\Gamma(M) = K\}$

$M \in \mathbf{E} \Longleftrightarrow |d(OM)|^2 = R^2 + K$

Si $R^2 + K < 0$ $\mathbf{E} = 0$

si $R^2 + K > 0$ $\mathbf{E} =$ cercle de centre O de rayon $\sqrt{R^2 + K}$

Exercice c)

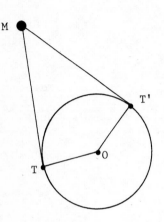

M = moi, sur une montagne de 1609 m, je vois l'horizon (à droite ou plutôt à gauche) à une distance MT :

$MT^2 = OM^2 - R^2$

$MT^2 = (12743,3 + 1,609)^2 - (1,609)^2$

$MT^2 = 12743,3.12746,5$

$\left[\right.$ Pour calculer MT on peut procéder de la façon suivante :

$MT^2 = a \ (a+b)$ $a = 12743,3$

$MT^2 = a^2(1 + \dfrac{b}{a})$ $b = 3,2$

et on utilise un développement de $(1 + \dfrac{b}{a})^{1/2} = 1 + \dfrac{1}{2} \dfrac{b}{a} + 0(\dfrac{b}{a})^2$.

Ici $\dfrac{b}{a} \sim 0,0002$; le 1er ordre est largement suffisant et on a

$MT \simeq 12744,6$ km. $\left.\right]$

Exercice d
1ère solution

. Quel que soit le point O du plan, on peut écrire :

$\vec{MA}.\vec{MB} = (\vec{MO}+\vec{OA})(\vec{MO}+\vec{OB}) = \vec{MO}^2+\vec{MO}.(\vec{OA}+\vec{OB}) + \vec{OA}.\vec{OB}$

. Choisissons alors comme point O le milieu de AB, on obtient :

$\vec{MA}.\vec{MB} = MO^2+\vec{OA}.\vec{OB} = MO^2 - \dfrac{AB^2}{4}$

. on a alors

$\vec{MA}.\vec{MB} = k \Longleftrightarrow MO^2 = k + \dfrac{AB^2}{4}$

si $(k + \dfrac{AB^2}{4})$ est négatif : il n'y a pas de solution.

si $\quad (k + \dfrac{AB^2}{4})$ est positif ou nul : l'ensemble cherché est le cercle de

centre 0 (milieu de AB) et de rayon $\quad \sqrt{k + \dfrac{AB^2}{4}}$.

<u>2ème solution</u>

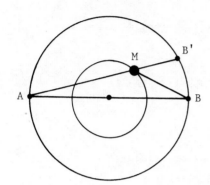

Soit Γ le cercle de diamètre AB.
Quel que soit le point M, soit B' le
point où MA coupe Γ.

Alors $\quad \overrightarrow{MA}.\overrightarrow{MB} = \overrightarrow{MA}.\overrightarrow{MB'}$

et donc le problème posé se ramène à :
"quel est l'ensemble des points M tels
que $\quad \mathbf{P}_{\Gamma}(M) = k$" (Exercice b).

<u>Exercice e)</u> - <u>Formule d'Euler</u>

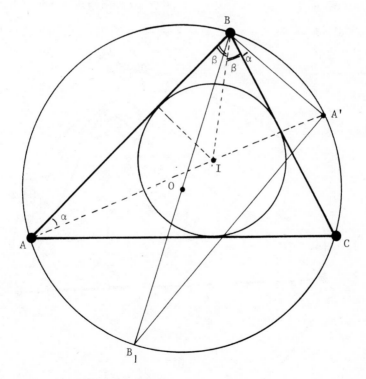

. Soit ABC le triangle donné.

. I est le centre du cercle inscrit (point d'intersection des bissec-trices), soit r le rayon de cercle.

. Soit O le centre du cercle (Γ) circonscrit au triangle, de rayon R.

. Soient A' le point où AI coupe (Γ) et B_1 le point diamétra-lement opposé à B sur (Γ).

. Soient $\alpha = \dfrac{A}{2}$ et $\beta = \dfrac{B}{2}$ (dans le triangle ABC).

. Alors : $d^2 - R^2 = \mathbf{P}_{\Gamma}(I)$ si $d = OI$

. Evaluons $\mathbf{P}_{\Gamma}(I)$ d'une autre façon : $\mathbf{P}_{\Gamma}(I) = \overline{IA} \cdot \overline{IA'}$

. $IA = \dfrac{r}{\sin \alpha}$

. $IA' = A'B$ car $(IA', IB) = \pi - (IB, IA)$

et $(IB, IA) = \pi - (\alpha + \beta)$ dans le triangle ABI

donc $(IA', IB) = \alpha + \beta = (BI, BA')$

donc le triangle IA'B est isocèle.

. Evaluons A'B : le triangle $A'BB_1$ est rectangle, donc $A'B = 2R \sin \alpha$

. d'où $d^2 - R^2 = \mathbf{P}_{\Gamma}(I) = \overline{IA} \cdot \overline{IA'} = -(\dfrac{r}{\sin \alpha} \, 2r \sin \alpha) = -2rR$ c.q.f.d.

Exercice f) - Application (ou réciproque)

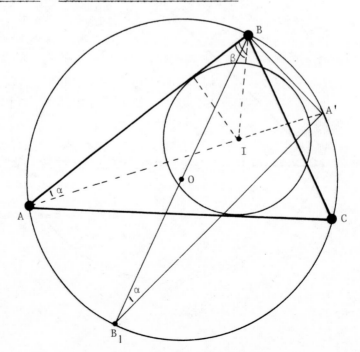

Soient (Γ) de centre O de rayon R et (C) de centre I de rayon r.

1)   Si il existe un triangle ABC inscrit dans (Γ) et qui admet (C) pour cercle inscrit... alors

$$OI^2 = R^2 - 2Rr$$

Cette condition est (évidemment) nécessaire

2)   Supposons que l'on ait

$$OI^2 = R^2 - 2Rr$$

Existe-t-il un triangle ABC tel que... ?

Nous allons montrer plus, c'est-à-dire :

Quel que soit le point A de Γ, il existe un triangle ABC
inscrit dans (Γ) et admettant (C) comme cercle inscrit

(la figure est fausse à dessein).

. Soit A un point (quelconque) de Γ.

Par A on trace les deux tangentes à (C) qui coupent Γ en B et C.

Soit $\alpha = \dfrac{A}{2} = (AI,AB) = (AI,AC)$ et $\beta = (BA,BI)$

. Nous allons montrer que $(BI,BC) = \beta$ ce qui prouvera que BC est tangente au cercle (C) (ou que (C) est inscrit dans ABC).

. $\mathbf{P}_\Gamma(I) = d^2 - R^2 = - 2Rr$ par hypothèse sur OI

$\mathbf{P}_\Gamma(I) = \overline{IA} \cdot \overline{IA'}$ (si A' est le point où IA coupe (Γ))

$IA = \dfrac{r}{\sin \alpha}$ car AB est tangente à (C)

$A'B = 2R \sin \alpha$ car $A'BB_1$ est rectangle (B_1 est le point où BO coupe (Γ))

donc $IA' \cdot IA = 2Rr$ et $IA' = 2R \sin \alpha = A'B$

donc le triangle $A'BI$ est isocèle

donc $(BI,BA') = (IB,IA') = a+\beta$

donc $(BI,BC) = \beta$

. On a bien (BA,BI) = β = (BI,BC)

BC est tangente à (C), soit (C) est inscrit dans ABC.

Exercice f)

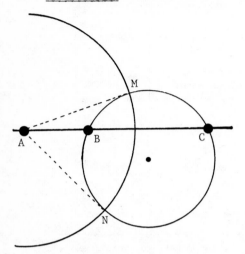

Soit   **C** = {points contacts menés de
A   aux cercles passant
par B et C}

1) Soit un cercle (C) passant par B
et C et AM et AN les tangentes
menées de A à ce cercle. Alors

$$AM^2 = AN^2 = \overline{AB} . \overline{AC}$$

donc M appartient au cercle de
centre A, de rayon $\sqrt{\overline{AB} . \overline{AC}}$

2) Soit M un point quelconque de ce
cercle non aligné avec B et C.

Alors il existe un cercle passant par M ; B ; C et AM est tangent à ce cercle, donc M appartient à **C**.

Conclusion · **C** = cercle de centre A, de rayon $\sqrt{\overline{AB} . \overline{AC}}$, "privé"
de ses points d'intersection avec BC.

II. AXE RADICAL DE DEUX CERCLES

Construction de l'axe radical (ensemble des points qui ont même
puissance par rapport aux deux cercles).

On sait que l'axe radical Δ est une droite orthogonale à la droite
OO'. Il suffit donc de déterminer un point de Δ, et de tracer par ce
point, la perpendiculaire à OO'.

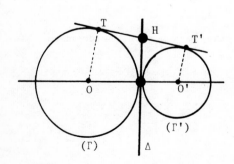

Cercles extérieurs

Soit TT' la tangente commune aux deux
cercles et soit H le milieu de TT'
alors :

$$\mathbf{P}_\Gamma(H) = HT^2 = HT'^2 = \mathbf{P}_{\Gamma'}(H)$$

donc H appartient à Δ

Δ est la perpendiculaire menée par H
à OO'.

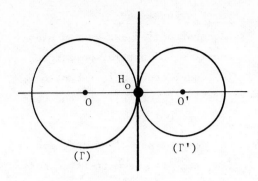

Cercles tangents extérieurement

Soit H_0 le point de tangence.

Alors $\quad \mathbf{P}_\Gamma H_0) = 0 = \mathbf{P}_{\Gamma'}(H_0)$

H_0 est sur l'axe radical.

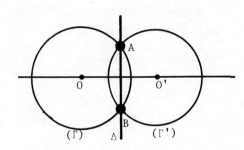

Cercles sécants

Soient A et B les points d'intersection des deux cercles.

Alors $\quad \mathbf{P}_\Gamma(A) = 0 = \mathbf{P}_{\Gamma'}(A)$

$\qquad\qquad \mathbf{P}_\Gamma(B) = 0 = \mathbf{P}_{\Gamma'}(B)$

A et B sont sur l'axe radical.

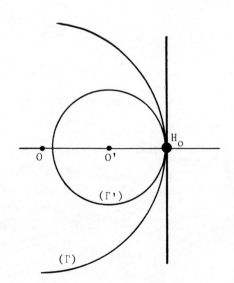

Cercles tangents intérieurement

$\quad \mathbf{P}_\Gamma(H_0) = 0 = \mathbf{P}_{\Gamma'}(H_0)$

H_0 est sur l'axe radical.

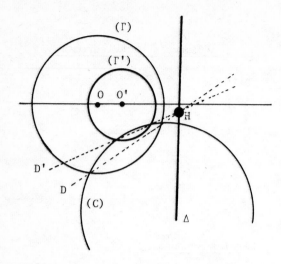

Cercles intérieurs

La construction est un peu plus complexe. On utilise un cercle (C), quelconque mais sécant à la fois à (Γ) et (Γ') et non centré sur 00'.

Les deux points d'intersection de (C) et (Γ) permettent de construire D, axe radical de (C) et (Γ).

De la même façon, soit D' l'axe radical de (C) et (Γ').

D et D' se coupent en H, car (C) n'est pas centré sur 00'.

On a :

$$\left.\begin{array}{l} \mathbf{P}_\Gamma(H) = \mathbf{P}_C(H) \\ \mathbf{P}_{\Gamma'}(H) = \mathbf{P}_C(H) \end{array}\right\} \quad \text{donc} \quad \mathbf{P}_\Gamma(H) = \mathbf{P}_{\Gamma'}(H)$$

et H est sur l'axe radical de (Γ) et (Γ').

- Exercices

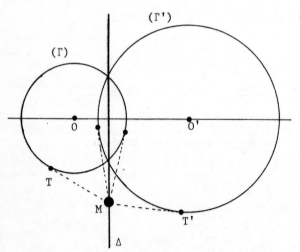

Exercice a)

$$\mathbf{G} = \{M \mathbin{/} MT = MT'\}$$

$$M \in \mathbf{G} \iff \mathbf{P}_\Gamma(M) = MT^2 = MT'^2$$
$$= \mathbf{P}_{\Gamma'}(M)$$

$$\iff M \in \Delta \text{ axe radical de}$$
$$(\Gamma) \text{ et } (\Gamma')$$

$$\mathbf{G} = \Delta$$

* <u>Exercice b)</u>

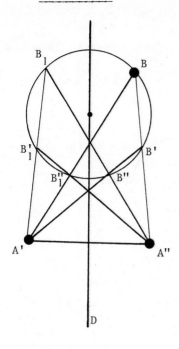

. Soit D la médiatrice de A'A"

Soit B_1 le symétrique de B par rapport à D.

Soit B' sur BA" tel que A'BA" et B'A'A" soient semblables

$$\left[\text{c'est-à-dire } \frac{A'B}{B'A'} = \frac{A'A"}{B'A"} = \frac{BA"}{A'A"} \right]$$

et soit B" sur A'B' tel que A'B"A" et A'A"B' soient semblables,

$$\left[\text{c'est-à-dire } \frac{A'B"}{A'A"} = \frac{A'A"}{A'B'} = \frac{B"A"}{A"B'} \right]$$

Soient B'_1 et $B"_1$ les symétriques de B' et B" par rapport à D.

. Soit (Γ) le cercle BB'B" et (Γ_1) le cercle $(B_1 \ B'_1 \ B"_1)$

alors

$$\mathbf{P}_\Gamma(A') = \overline{A'B"} \cdot \overline{A'B'} = (A'A")^2$$
$$\mathbf{P}_\Gamma(A") = \overline{A"B'} \cdot \overline{A"B} = (A'A")^2$$

et de même

$$\mathbf{P}_{\Gamma_1}(A') = \overline{A'B'_1} \cdot \overline{A'B_1} = (A'A")^2$$
$$\mathbf{P}_{\Gamma_1}(A") = \overline{A"B"_1} \cdot \overline{A"B'_1} = (A'A")^2$$

. Par conséquent, si O est le centre de Γ et O_1 le centre de Γ_1 on trouve que :

$$\mathbf{P}_\Gamma(A') = (OA')^2 - R^2 = (A'A")^2 \quad \text{etc...}$$

soit que O est sur la médiatrice de A'A"

O_1 est sur la médiatrice de A'A".

BB'B" étant symétriques de $B_1 \ B'_1 \ B"_1$ par rapport à D le rayon R de (Γ) est égal au rayon R_1 de (Γ_1) et donc

$$(OA')^2 = (A'A")^2 + R^2 = (A'A")^2 + (R_1)^2 = (O_1A')^2$$

soit donc O = O', on a donc $(\Gamma) = (\Gamma_1)$ c.q.f.d.

**   Exercice c)

Différence des puissances d'un point N par rapport à deux cercles

On considère que le plan est rapporté à un repère d'origine I (intersection de l'axe radical avec la ligne des centres), d'axes (OO') et Δ.

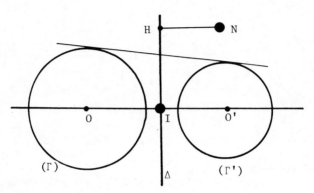

. L'équation de (Γ) est

$$F(x,y) = 0 \quad F(xy) = x^2 - 2x(\overline{IO}) + y^2 + C$$

L'équation de (Γ') est

$$F'(xy) = 0 \quad F'(xy) = x^2 - 2x(\overline{IO'}) + y^2 + C^2$$

. N a pour coordonnées $(x_o y_o)$ et $x_o = \overline{HN}$
H a donc pour coordonnées $(0, y_o)$

$$F(0, y_o) = P_\Gamma(H) = P_{\Gamma'}(H) = F'(0, y_o) \Longrightarrow C = C'$$

. $P_\Gamma(N) - P_{\Gamma'}(N) = F(x_o y_o) - F'(x_o, y_o) = -2(\overline{IO})x_o + 2(\overline{IO'})x_o = 2\overline{OO'} . \overline{HN}$

c.q.f.d.

Le problème

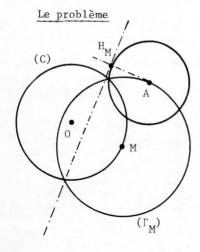

Soit M un point de (C) et (Γ_M) le le cercle de centre M passant par A. Soit R le rayon de (C).

Soit H_M la projection de A sur l'axe radical Δ de (C) et (Γ_M).

Alors

$$\left| P_{(C)}(A) - P_{(\Gamma_M)}(A) \right| = \left| 2\overline{OM} . \overline{H_M A} \right| = 2R . H_M A$$

mais aussi

$$\left| P_{(C)}(A) - P_{(\Gamma_M)}(A) \right| = \left| OA^2 - R^2 - 0 \right|$$

on trouve donc, quel que soit M :

$$H_M A = \frac{|OA^2 - R^2|}{2R} = C^{ste}$$

Δ est donc tangent au cercle de centre A de rayon $\dfrac{|OA^2 - R^2|}{2R}$

***   Exercice d) – <u>Point fixe</u> ?

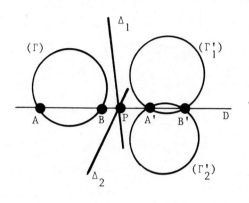

Soit D la droite ABA'B'
Soient Γ un cercle passant par A
et B et Γ'_1 et Γ'_2 deux cercles
passant par A' et B'.

. On va montrer que les axes radicaux
Δ_1 de (Γ) et (Γ'_1) et Δ_2 de
(Γ) et (Γ'_2) se coupent sur la droite
D.
Supposons que Δ_1 et Δ_2 coupent D
en P_1 et P_2.

Alors

$$\mathbf{P}_{(\Gamma'_1)}(P_1) = \mathbf{P}_{(\Gamma)}(P_1) = \mathbf{P}_{(\Gamma'_2)}(P_1)$$

$$\mathbf{P}_{(\Gamma'_2)}(P_2) = \mathbf{P}_{(\Gamma)}(P_2) = \mathbf{P}_{(\Gamma'_1)}(P_2)$$

donc $P_1 = P_2$

. et ainsi tous les axes radicaux se coupent en un point P de D
(droite ABA'B').

<u>Points de contact</u> ?

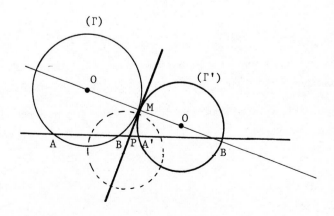

. Soit C = {M / M est point de contact d'un cercle (Γ) passant par

   A et B et d'un cercle (Γ') passant par A' et B'

   tangent}

$M \in C \implies PM^2 = \overline{PA} . \overline{PB} = \overline{PA'} . \overline{PB'}$

le problème n'est possible que si $\overline{PA} . \overline{PB}$ et $\overline{PA'} . \overline{PB'}$ sont positifs.
Supposons le (ceci exclut l'ordre A'AB'B pour les points...)

$M \in C \implies PM = \sqrt{\overline{PA} . \overline{PB}} = C^{ste}$

soit (C) le cercle de centre P de rayon $\sqrt{\overline{PA} . \overline{PB}}$

. alors $C \subseteq (C)$

. étudions l'inclusion inverse.

   Soit M un point de (C)

   - La perpendiculaire en M à PM coupe la médiatrice de AB en O
et la médiatrice de A'B' en O' (c'est toujours réalisé si l'on exclut
les points où (C) coupe ABA'B').

   - Alors si le cercle (Γ) de centre O de rayon OM et le cercle
(Γ') de centre O' de rayon O'M passent par AB et A'B', le point M
répondra à la question :

   - Supposons que (Γ) coupe ABA'B' en deux points A_1 et B_1 distincts de A et B.

   O étant sur la médiatrice de AB, A_1 B_1 sont tous deux intérieurs
ou tous deux extérieurs à AB.
donc $\overline{PA} . \overline{PB} \neq \overline{PA_1} . \overline{PB_1}$

ce qui est contraire à $\begin{cases} \overline{PM}^2 = \overline{PA_1} . \overline{PB_1} \\ \overline{PM}^2 = \overline{PA} . \overline{PB} \end{cases}$

donc $A_1 = A$ $B_1 = B$

   - Supposons que (Γ) ne coupe pas ABA'B'

   Soit alors (Γ_o) un cercle passant par AB, l'axe radical de (Γ_o)
et (Γ) passe par P (car $P_{(\Gamma_o)}(P) = \overline{PA} . \overline{PB} = PM^2 = P_{(\Gamma)}(P)$) et il
est perpendiculaire à la médiatrice de AB, donc cet axe radical est
ABA'B' : l'axe radical de (Γ) et (Γ_o) couperait (Γ_o) et pas (Γ). C'est
absurde !

- Donc (Γ) coupe ABA'B', on est dans le cas précédent, le cercle (Γ) passe par A et B ; de même, le cercle (Γ') passe par A' et B' ; ils sont tangents en M ; donc M est un point de **C**.

Donc   **C** = (C)   C'est merveilleux...

III. FAISCEAU DE CERCLES

- <u>Recherche des cercles d'un faisceau</u> $\mathbf{F}(\Delta, \Gamma_o) = \{\Gamma \ / \ (\Gamma) \text{ et } (\Gamma_o) \text{ ad-}$
$$\text{mettant } \Delta \text{ pour axe}$$
$$\text{radical}\}$$

<u>ler cas</u> : Δ <u>tangente à</u> (Γ_o) <u>en</u> H

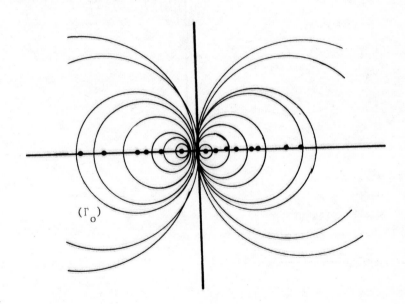

(Γ_o)

$$P_o = \mathbf{P}_{(\Gamma_o)}(H_o) = 0$$

tous les cercles cherchés sont tangents en H_o à Δ
l'ensemble des centres est la droite D

"Faisceau tangent"

<u>2ème cas</u> : Δ <u>sécante à</u> (Γ_o) <u>en</u> A <u>et</u> B $p_o = \mathbf{P}_{(\Gamma_o)}(H_o) < 0$

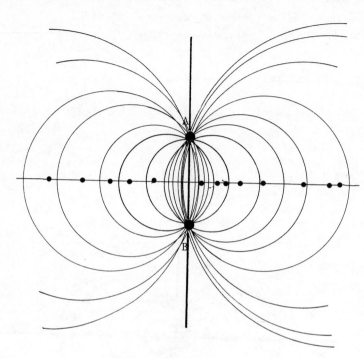

$$\mathbf{P}_{(\Gamma_o)}(A) = 0 = \mathbf{P}_{(\Gamma_o)}(B)$$

tous les cercles passent par A et B

l'ensemble de leur centre est la droite D

   "Faisceau à points de base A et B"

<u>3ème cas</u> : Δ <u>est extérieure à</u> (Γ_o) $p_o = \mathbf{P}_{(\Gamma_o)}(H_o) > 0$

. soit $H_o T$ une tangente menée à (Γ_o) par H_o. Soit (C) le cercle de centre H_o, de rayon $H_o T$, qui coupe D en I et I'.

Alors $H_o T^2 = \overline{H}_o I \cdot \overline{H}_o I'$

et $H_o T^2 = \mathbf{P}_{\Gamma_o}(H_o) = \overline{H}_o J_o \cdot \overline{H}_o J'_o$

donc $\overline{H}_o I \cdot \overline{H}_o I' = \overline{H}_o J_o \cdot \overline{H}_o J'_o$

soit $(II' J_o J'_o) = -1$

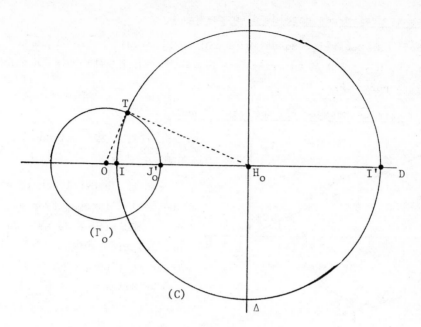

(Γ_o)

(C)

Δ

• Quel que soit le cercle de la famille $\mathsf{F}(\Delta,\Gamma_o)$, on a

$$\mathsf{P}_{(\Gamma_o)}(H_o) = \mathsf{P}_{(\Gamma)}(H_o) = \overline{H_o J} \cdot \overline{H_o J'}$$

et donc $(II'JJ') = -1$, par conséquent

$\mathsf{F}(\Delta,\Gamma_o) \subseteq$ {cercles centrés sur D, qui coupent D en JJ' tels
que $II'JJ' = -1$}

l'inclusion en sens inverse est immédiate.

<u>Remarques</u> :

• tous les cercles de F sont extérieurs à Δ (puisque la puissance
des points de Δ par rapport à Γ_o est toujours positive).

• JJ' étant les conjugués harmoniques de II' les milieux de JJ',
c'est-à-dire les centres ω des cercles, sont à l'extérieur de II' (on
doit avoir $\overline{\omega I} \cdot \overline{\omega I'} = \omega J^2 = \omega J'^2 > 0$)

• si on connait $p_o = \mathsf{P}_{(\Gamma_o)}(H_o)$ alors

$$\overline{H_o I} \cdot \overline{H_o I'} = H_o T^2 = p_o$$

soit $\boxed{H_o I = \sqrt{p}}$

<u>"Les points I et I' sont dits points limites ou points de
Poncelet du faisceau"</u>.

1)   Construction des cercles d'un faisceau

Soit **F** un faisceau défini par l'axe radical Δ, la ligne des
centres D, H_o point d'intersection de Δ et D, p_o la puissance de
H_o par rapport à **F**.

a) Cercles passant par un point donné

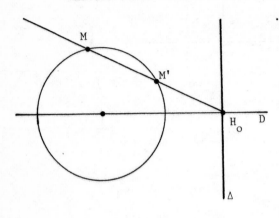

. Construire M' tel que
$$\overline{H_o M} \cdot \overline{H_o M'} = p_o$$

Le centre du cercle cherché se
trouve à l'intersection de D et
de la médiatrice de MM'. Il y a
une solution unique.
(construction impossible - et pb
sans solution - Si M est sur Δ
avec $H_o M^2 \neq p_o$)

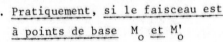

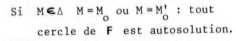

. **Pratiquement**, si le faisceau est
à points de base M_o et M'_o

Si $M \in \Delta$ $M = M_o$ ou $M = M'_o$: tout
      cercle de **F** est autosolution.

Si $M \in \Delta$ $M \neq M_o$ et $M \neq M'_o$: il
      n'y a pas de solution.

Si $M \notin \Delta$ on trace la médiatrice
      de MM_o qui coupe (D) au cen-
      tre du cercle cherché. Il y
      a une solution unique.

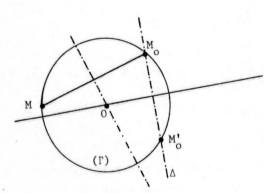

. Si le faisceau est à points de Poncelet
    (le faisceau est donné par l'axe radical, la ligne des centres, et
un cercle (Γ) de centre O).
    . Si (Γ') de centre O' passe par M, alors $H_o T^2 = \overline{H_o M} \cdot \overline{H_o M'}$
    (T est le point de tangence mené de H_o au cercle (Γ) de **F**.
M' est l'intersection de $H_o M$ avec (Γ'))
    Alors $H_o M T$ et $H_o T M'$ sont semblables.

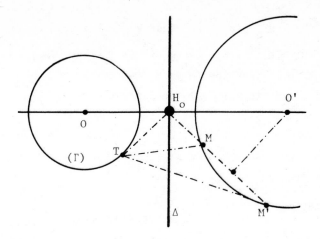

. Pour construire M', il suffit donc de construire un angle (TH_o,TM')
égal à l'angle (MH_o,MT) (en choisissant M' du côté de M/Δ).

Cas particulier :

Si M, H_o et T sont alignés, on peut se ramener à la seconde tangente H_oT'.

b) <u>Cercles tangents à une droite (D') donnée</u>

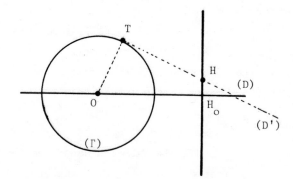

. Si D' est parallèle à Δ,
(D') coupe D en T et le
cercle cherché est le cercle
du faisceau passant par T ;
il est unique.

. Sinon, soit H le point où
(D') coupe Δ.

(1) <u>Recherche</u>

Si il existe un cercle (Γ) de centre O solution, alors

$$\begin{cases} \mathbf{P}_{(\Gamma)}(H) = HT^2 \\ \mathbf{P}_{(\Gamma)}(H) = HO^2 - R^2 = HH_o^2 + H_oO^2 - R^2 \\ \qquad\qquad = HH_o^2 + p_o \quad \text{où} \quad p_o = \mathbf{P}_{(\Gamma)}(H_o) \end{cases}$$

Si $\mathbf{P}_{(\Gamma)}(H) = HH_o^2 + p_o$ est négative : il n'y a pas de solution.

Si $\mathbf{P}_{(\Gamma)}(H) = H_oH^2 + p_o$ est positive : on trouve deux points   T
et   T'   répondant à la question $HT = HT' = \sqrt{HH_o^2 + p_o}$

Les cercles centrés sur   (D)   et passant par   T   (et   T')   sont tangents à   (D')   et font partie du faisceau.

Si $\mathbf{P}_{(\Gamma)}(H) = H_oH^2 + p_o$ est nulle, on trouve   HT = 0   le faisceau
est un faisceau à points de base dont   H   est une base. Il y a un seul
cercle répondant en   pb.

(2) <u>En pratique</u>

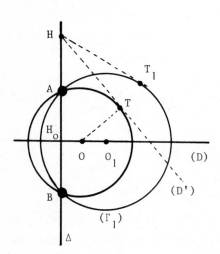

Il suffit de tracer un cercle (Γ_1)
quelconque de   F   la tangente ménée de
H   à (Γ_1) le rencontre en T_1 et on a
$HT_1^2 = \overline{HA} . \overline{HB}.$

On reporte alors la longueur HT_1 sur
D'   et l'on obtient   T : $HT_1 = HT.$
Le centre   O   du cercle cherché est à
l'intersection de   (D)   avec la perpendiculaire en   T   à D'.
(On retrouve les conditions restrictives
dans le cas où le faisceau est à point
limite : le point   O   construit se trouve
parfois dans la zône interdite).

c) <u>Cercles tangents à un cercle donné</u>

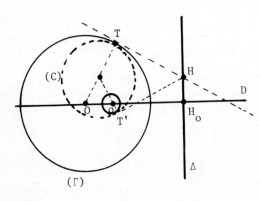

Soit   F   le faisceau donné par la
ligne des centres   D, l'axe radical
Δ qui coupe   D   en H_o, et la
puissance de H_o par rapport aux
cercles du faisceau.

Soit   (C)   un cercle donné.
On cherche les cercles de   F   tangents à   (C).

(1) Recherche

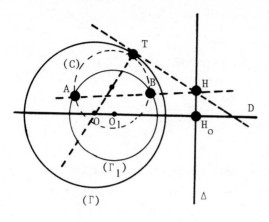

Supposons qu'il existe un cercle (Γ) de centre O, cercle du faisceau et tangent à (C) en T. Nous allons montrer

- qu'il y a en général un deuxième cercle (Γ') répondant au problème.

- que la tangente commune à (C) et à (Γ) est susceptible d'une construction simple indépendante de Γ.

. Il existe un deuxième cercle (Γ')...

En effet, soit H le point d'intersection si il existe de la tangente commune à (C) et (Γ) avec Δ. Menons par H la deuxième tangente HT' à (C), et soit (Γ') le cercle de centre O' sur D qui est tangent en T' à HT'. On a

$$P_\Gamma(H) = P_{(C)}(H) = HT^2 = HT'^2 = P_{\Gamma'}(H)$$

(Γ') est un cercle de F et est tangent à (C)...   c.q.f.d.

. Si le point H n'existe pas, c'est-à-dire si la tangente commune à (C) et à (Γ) est parallèle à Δ :

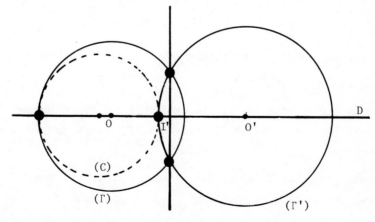

Il y a deux cercle (Γ) et (Γ') répondant au problème, qui sont tangents à (C) en I et I', intersections de (C) avec la ligne D des centres de F.

. <u>Comment construire TH</u> ?

Soit (Γ_1) un autre cercle du faisceau qui coupe (C) en deux points A et B.

$P_{(\Gamma_1)}(H) = P_\Gamma(H)$ car H est sur l'axe radical de (Γ) et (Γ_1)

$P_{(\Gamma)}(H) = P_{(C)}(H)$ car H est sur l'axe radical de (Γ) et (C)

donc $P_{(\Gamma_1)}(H) = P_{(C)}(H)$, c'est-à-dire H *est sur l'axe radical AB de* (Γ_1) *et (C)* (et ceci quel que soit (Γ)).

Il s'agit alors de construire le (les) cercles d'un faisceau tangent à une droite donnée (problème b)). (Ce n'est possible que si $HH_o^2 + p \geqslant 0$)

(2) <u>Construction</u>

. Si (C) est centré sur D, on construit les deux cercles répondant au problème comme ci-dessus.

. Si (C) n'est pas centré sur D, on construit un cercle (Γ_1) de qui coupe (C) en deux points. L'axe radical de (Γ_1) et (C) coupe Δ en H. On mène de H les tangentes HT et HT' à (C) (ce qui n'est possible que si $HH_o^2 + p \geqslant 0$ sinon le point H est intérieur à (C)). Les perpendiculaire à HT et HT' en T et T' coupent (en général) D en O et O', centres des cercles cherchés, (Γ) et (Γ').

On vérifie

- que ces cercles sont des cercles de

$P_{(\Gamma_1)}(H) = P_{(C)}(H) = HT^2 = P_{(\Gamma)}(H)$

- que ces cercles sont tangents à (C) : par construction.

<u>Exercice 2</u>

. Mener par A et B un cercle tangent à une droite donnée :

c'est l'exercice 1) b), le faisceau **F** étant donné par ses deux points de base.

. Mener par A et B un cercle tangent à un cercle donné :

cf. exercice 1) c).

Exercice 3

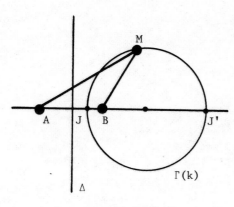

Γ(k)

Δ

. Soit k un réel et T(k) le cercle ensemble des points M tels que $\frac{MA}{MB} = k$. (cf. fiche sur le triangle et sur la division harmonique).

On rappelle que ce cercle coupe la droite AB en deux points J et J' tels que (ABJJ') = -1 et J et J' divisent AB dans le rapport k.

. On a vu (voir plus haut) qu'un faisceau à points limites (ou de Poncelet) peut être considéré comme ensemble des cercles centrés sur AB qui coupent AB en JJ' tels que (ABJJ') = -1.

. On trouve ainsi que l'ensemble cherché est le faisceau à points de Poncelet A et B.

CERCLES ET DROITES

Dehors et dedans forment une dialectique d'écartelement, et la géométrie évidente de cette dialectique nous aveugle dès que nous la faisons jouer dans des domaines métaphoriques (...) Les logiciens tracent des cercles qui s'excluent ou se chevauchent (...) Le philosophe, avec le dedans et le dehors, pense l'être et le non-être. La métaphysique la plus profonde s'est ainsi enracinée dans une géométrie implicite, dans une géométrie qui - qu'on le veuille ou non - spatialise la pensée.

G. Bachelard
La poétique de l'espace

"Lorsque le Petit Poucet abandonné dans la
forêt sema des cailloux pour retrouver son
chemin, il ne se doutait pas qu'une autru-
che le suivait et dévorait les cailloux un
à un. C'est la vraie histoire, celle-là,
c'est comme ça que c'est arrivé..."

Jacques Prévert

On étudie une géométrie qui associe cercles et droites, qui échange
intérieur et extérieur, qui transforme l'infini en le borné... Ses invariants seront le cercle (généralisé) et l'angle. Une de ses applications
sera la simplification de certaines démonstrations relatives aux cercles :
on remplace les cercles par des droites, et la démonstration est faite
sur ces droites.

I. INVERSION

1.1. Définition

■ Soit O un point du plan **P** (muni d'une
unité de longueur). Soit k un nombre réel.

On appelle inversion de centre O, ou de
pôle O, de puissance k, la transformation
J :

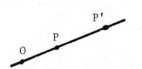

$$\mathbf{P} - \{0\} \xrightarrow{\;J(0,k)\;} \mathbf{P}$$
$$P \longmapsto P'$$

définie par :

$$P' \in (OP) \quad \text{et} \quad \overline{OP} \cdot \overline{OP'} = k. \qquad ■$$

1.2. Premières propriétés

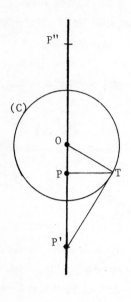

a) $(k \neq 0)$ l'inversion est involutive, c'est à-dire :

$$J(0,k) \circ J(0,k) = 1_{\mathbf{P}-\{0\}} : P \mapsto P' \mapsto P.$$

■ b) On peut *caractériser "géométriquement"* l'inversion

. Soit (C) le cercle de centre O, de rayon $\sqrt{|k|}$.

Soit P un point intérieur au cercle (c) ; la perpendiculaire à OT en P coupe le cercle en T. La tangente à (C) en T coupe OP en P'. Les triangles OTP' et OPT sont semblables, donc $\dfrac{OT}{OP} = \dfrac{OP'}{OT}$ soit $OT^2 = \overline{OP} \cdot \overline{OP'}$.

P' est l'inverse de P dans $J(0 ; |k|)$.

. par conséquent P", symétrique de P' par rapport à O, est l'inverse de P dans $J(0 ; -|k|)$.

On voit que l'on pourra limiter l'étude des inversions aux inversions de rapport k positif, les autres s'en déduisant par symétrie par rapport à O.

. Si P est intérieur à (C), on sait donc construire P' par le procédé ci-dessus.

Si P est sur le cercle (C), il est son propre transformé.

Si P est extérieur à (C), on construit son transformé P' en menant par P une des tangentes à (C), et en menant par le point de contact la perpendiculaire à OP... ■

c)   On voit donc que, dans l'inversion J(0,k)

- le cercle (C) est invariant. Il est dit cercle d'inversion.

- tous les points intérieurs à (C), sont transformés en points extérieurs à (C), et "inversement".

Application : "Comment capturer un lion dans le désert" ?

1.3. Inverse d'une droite

■   Soit Δ une droite, O un point de **P** et k un réel.

On cherche l'ensemble des points inverses des points de Δ dans J(O,k).

a)   Que se passe t-il si O appartient à Δ ?

b)   Soit Δ la projection de O sur Δ. Soit A' l'inverse de A. Montrer que l'inverse de Δ est le cercle (Γ) de diamètre OA'.

c)   Construire l'inverse d'un triangle ABC, le cercle d'inversion étant le cercle circonscrit, ou le cercle inscrit, ou un cercle centré sur l'un des sommets... etc.   ■

1.4. Inverse d'un cercle
■

> *"<<C'est désolant>> se dit Poucet entre*
> *ses dents".*

a)   L'inverse d'un cercle passant le pôle d'inversion est une droite : c'est évident, puisque l'inversion est involutive. La dite droite se construit aisément par les procédés ci-dessus.

b)   L'inverse d'un cercle ne passant pas par le pôle d'inversion est un cercle.

Pour démontrer ceci, on pourra remarquer que :

. La composée d'une inversion de centre O et d'une homothétie de centre O est une inversion de centre O.

. et que le cercle (Γ) est invariant dans une inversion de centre O que l'on déterminera. (Voir figure, page suivante).   ■

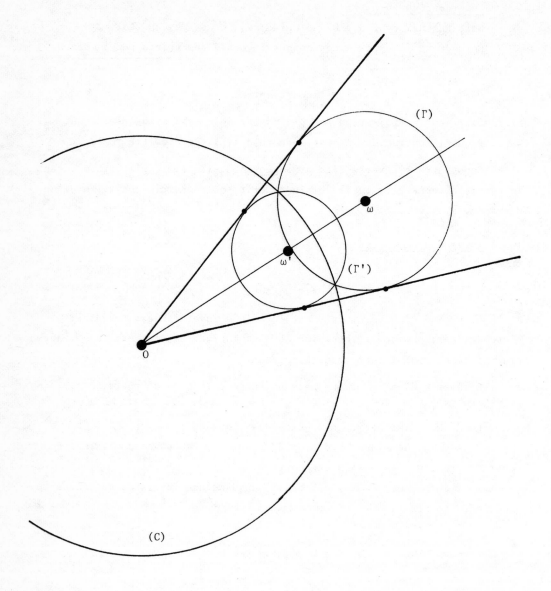

*"L'autruche : <<Ah, Monsieur Poucet te
battait, c'est inadmissible. Les enfants
ne battent pas leurs parents, pourquoi
les parents battraient-ils leurs enfants ?>>"*

Les rôles que jouent cercles et droites dans l'inversion, nous
amènent à modifier la terminologie : une droite peut être considérée
comme un cas particulier de cercle, un cercle de rayon infini. On ajoute
alors au plan un point à l'infini (un seul) P_∞ , qui peut être considéré
comme l'inverse de tout centre d'inversion. On obtient ainsi un plan que
l'on peut appeler plan d'inversion. Une droite y sera considérée comme
un cercle passant par P_∞ (l'inversion de centre O transforme un cercle
passant par O en une droite passant par P_∞). Deux droites sécantes sont
considérées comme deux cercles, qui se coupent en deux points dont l'un
est P_∞ . Deux droites parallèles sont considérées comme tangentes en P_∞
(deux cercles tangents en O sont transformés en deux droites parallèles).

Ainsi construites cette géométrie, on voit que *l'inverse de tout
cercle est un cercle :* le cercle est un invariant de l'inversion.

De plus, deux cercles se coupant en deux -resp. un, zéro- points sont
transformés en deux cercles se coupant en deux -resp. un, zéro- points.

La géométrie de l'inversion conserve les cercles, intersections
de cercle et , comme nous le verrons plus loin, les angles en
ces points d'intersection.

1.5. L'inversion en coordonnées polaires

■   Les coordonnées polaires sont particulièrement bien adaptées à
l'étude de l'inversion plane : en effet, si O est le centre d'inversion
et l'origine polaire, alors un point $M(r,\theta)$ a pour inverse $M'(\frac{k}{r},\theta)$. ■

Exercice 1.5.1.
Retrouver (en polaire) la courbe inverse d'une droite, d'un cercle.

Exercice 1.5.2.
■   Soient (c_1) et (c_2) deux courbes, inverses l'une de l'autre dans une
inversion de centre O, origine polaire.

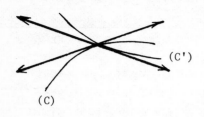

(C')

(C)

Soient V_1 et V_2 les angles que font les tangentes aux courbes (si elles existent) avec le rayon vecteur, en un point M et en son inverse M'.

Montrer que $V_1 + V_2 = 0 \pmod{\pi}$.

<u>C'est-à-dire</u> :

| l'inversion conserve les angles | (en valeur absolue).

■

<u>Exercice 1.5.3.</u>

a)   Chercher l'inverse d'une conique $r = \dfrac{P}{1 + e \cos \theta}$ (l'équation polaire est donnée avec pour pôle un foyer).

b)   Chercher l'inverse d'une hyperbole équilatère par rapport à son centre.

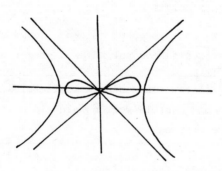

*"Autrefois, il y avait - parait-il - des
éléphants de mer qui jonglaient avec des
armoires à glace, mais on ne peut pas savoir
si c'est vrai... personne ne veut plus
prêter son armoire".*

J. Prévert
Contes pour enfants pas sages

II. L'ANGLE, UN INVARIANT

 <u>Nous allons étudier l'inversion comme "conservant les angles".</u>

2.1. <u>Définitions</u>

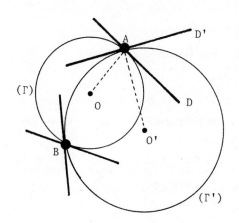

(Γ)

(Γ')

On appelle *angle de deux cercles*
sécants l'angle de droites (non
orientées) définies par leur tangente en un de leur point d'intersection.

. ceci ne dépend pas du point d'in-
section choisi.

. (D,D') = (AO,AO') (mod π).

. L'angle de deux cercles tangents
est nul.

. Ceci peut se généraliser à des
cercles non sécants : on peut considérer qu'ils se coupent en des
points imaginaires, solutions de
l'équation

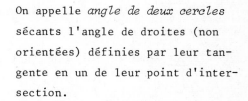

$$(x-a)^2+(y-b)^2-R^2 = (x-a')^2+(y-b')-(R')^2$$

et définir ainsi un angle imagi-
naire...

Deux cercles *sont orthogonaux* si
ils se coupent suivant un angle
droit.

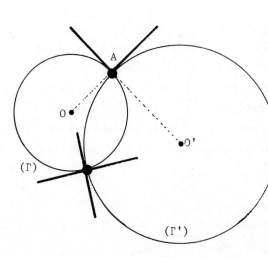

(Γ)

(Γ')

2.2. Conservation de l'angle par inversion

■Théorème 2.2.1.

> Si deux cercles se coupent suivant un angle θ, leurs inverses
> se coupent aussi suivant θ.

. Faire avec soin les figures correspondant aux divers cas de figure.

. Démontrer ce théorème (en utilisant par exemple les coordonnées
polaires).   ■

Exercices :

2.2.2. Montrer que, si (Γ) passe par deux points inverses P et
P', alors (Γ) est son propre inverse et est orthogonal au cercle (C)
d'inversion.

2.2.3. Tout cercle orthogonal à (C) est son propre inverse.

2.2.4.

. Quel que soit le point P, on peut toujours considérer son inverse
P' comme le point d'intersection de deux cercles, orthogonaux à (C) passant par P.

. ceci peut même être pris comme définition de l'inversion : l'inverse
d'un point P par rapport à un cercle (C) est l'intersection de tous les
cercles orthogonaux à (C) passant par P.

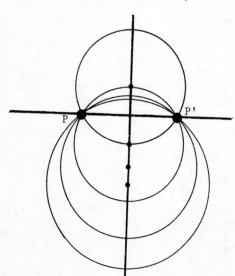

. en particulier, on peut de cette
façon considérer la symétrie par rapport à une droite comme un cas particulier d'inversion : tous les cercles
orthogonaux à la droite ‒c'est-à-dire
centrés sur elle et passant par P
se recoupent bien en P', symétrique
de P.

III. APPLICATIONS

Dans l'inversion, cercles et droites jouent des rôles analogues. Par inversion sont conservés les problèmes d'intersection et d'angles. On sait plus facilement résoudre des questions relatives à des droites qu'à des cercles. Donc pour tout ce qui concerne intersection et angle, on pourra avantageusement, remplacer "cercle" par "droite", grâce à une inversion bien choisie.

3.1. Transformation de figures

D'une figure formée par un cercle et une droite :
. si le cercle et la droite sont sécants, on peut transformer en deux droites.

. si le cercle et la droite sont extérieurs, on peut obtenir deux cercles concentriques.

Une figure formée par des cercles concentriques se transforme, suivant les besoins, en cercles et droites, ou autres cercles. etc...

3.2. Un exemple : le théorème de Feuerbach

On va, par inversion, ramener un problème relatif à 3 cercles à un problème relatif à 2 cercles et une droite.

Rappel : *le cercle des neuf points* (cf. fiche "le triangle")

Soit ABC un triangle.
Soient A'B'C' les milieux des côtés.
Soient A"B"C" les pieds des hauteurs qui se coupent en H.
Soient $A_1B_1C_1$ les milieux de AH ; BH ; CH ; Alors on montre que les neuf points A'B'C' A"B"C" $A_1B_1C_1$ sont cocycliques.

 Théorème de Feuerbach :

> Le cercle des neuf points est tangent au cercle inscrit dans ABC et aux trois cercles exinscrits dans les angles $\hat{A}$, $\hat{B}$, $\hat{C}$.

Pour démontrer ce théorème, on pourra chercher une inversion qui laisse invariant le cercle inscrit et un cercle exinscrit, et qui transforme le cercle des neuf points en une droite. Il suffira alors de montrer que cette droite est tangente aux deux cercles précédents.

Le cercle des neuf points est
tangent au cercle inscrit et
aux trois cercles exinscrits.

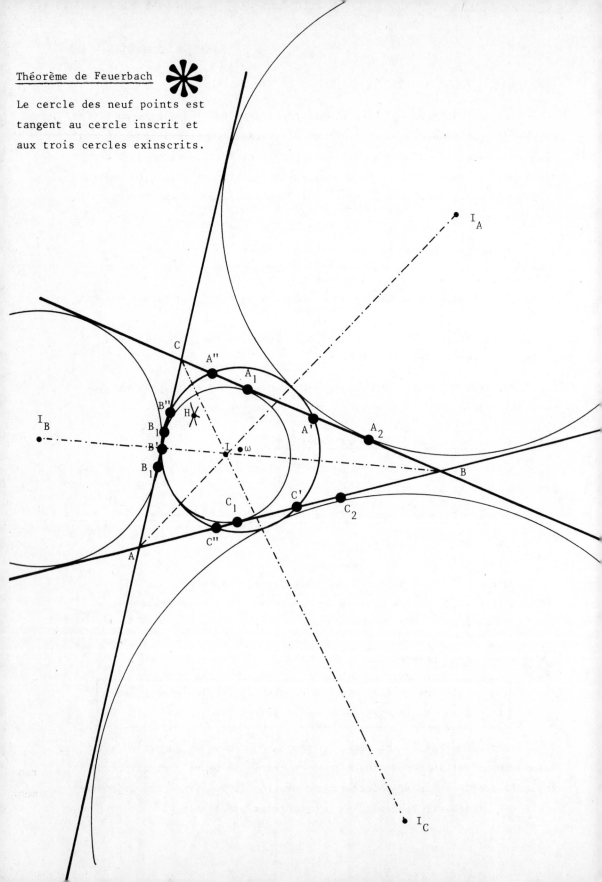

INDICATIONS POUR LA CORRECTION

Si l'écriture est vraiment neutre, si le langage, au lieu d'être un acte encombrant et indomptable, parvient à l'état d'une équation pure, n'ayant pas plus d'épaisseur qu'une algèbre en face du creux de l'homme, alors la litterature est vaincue, la problématique humaine est découverte et livrée sans couleur, l'écrivain est sans retour un honnête homme.

Malheureusement, rien n'est plus infidèle qu'une écriture blanche.

Roland Barthes
Le degré zéro de l'écriture

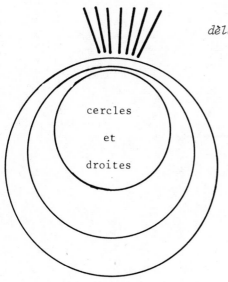

cercles

et

droites

I. INVERSION

1.2. <u>Application</u> à la capture d'un lion dans le désert :
Construire une cage sphérique
se placer dans la cage
faire une inversion de pôle au centre de la cage...

1.3. <u>Inverse d'une droite</u>

a) Une droite passant par O est globalement invariante.

b) Soit (C) le cercle d'inversion et Δ la droite considérée. Δ peut-être extérieure, tangente ou sécante à (C).

Soit A la projection de O sur Δ, et A' l'inverse de A.

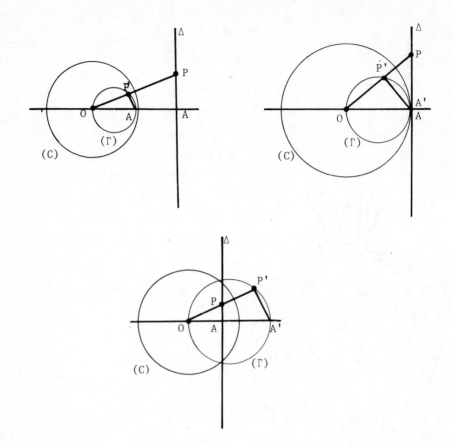

Montrons que le cercle (Γ) de diamètre OA' est l'image de Δ.
A tout point P de Δ associons le point P' intersection de OP et de
(Γ) (et réciproquement, si P' est sur (Γ), soit P sur Δ et OP').
Alors les triangles OP'A' et OAP sont semblables. Donc
$k = \overline{OA}.\overline{OA'} = \overline{OP}.\overline{OP'}$, donc P et P' sont inverses l'un de l'autre. Et
on obtient bien que (Γ) est l'inverse de Δ.

1.3.   <u>(c) inverse d'un triangle</u>

> *"Quand un contremaître prend le contre pied*
> *de quelque chose, c'est comme si le maître*
> *prenait le pied".*
>
> *Boris Vian.*

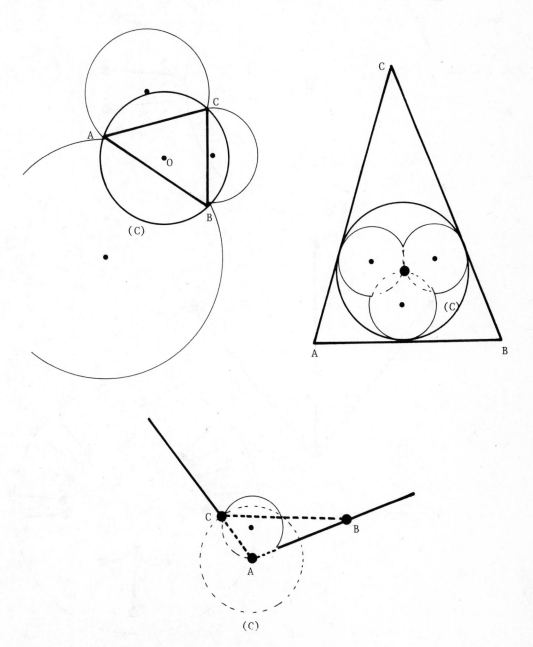

1.4. <u>Inverse d'un cercle</u>

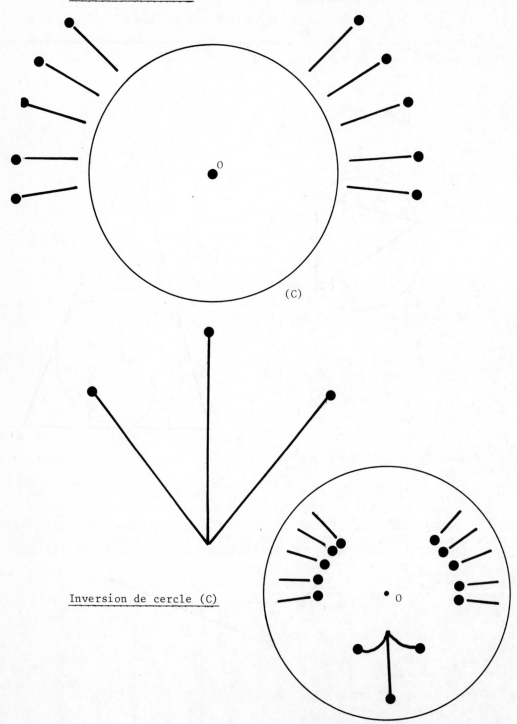

(C)

Inversion de cercle (C)

1.4. Montrons que l'inverse d'un cercle ne passant pas par le pôle d'inversion est un cercle.

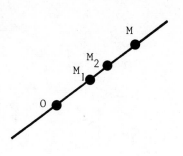

. Soit $i(0,r)$ et $h(0,r')$ une inversion et une homothétie de centre 0, de rapport r et r', alors : $M \xrightarrow{i(0,r)} M_1 \xleftarrow{h(0,r')} M_2$

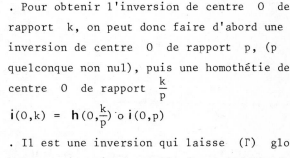

avec $\overline{OM_1}.\overline{OM} = r$ et $OM_2 = r'.\overline{OM_1}$

d'où $\overline{OM}.\overline{OM_2} = rr'$

c'est-à-dire : $h(0,r') \circ i(0,r) = i(0,rr')$

. Pour obtenir l'inversion de centre 0 de rapport k, on peut donc faire d'abord une inversion de centre 0 de rapport p, (p quelconque non nul), puis une homothétie de centre 0 de rapport $\dfrac{k}{p}$

$$i(0,k) = h(0,\frac{k}{p}) \circ i(0,p)$$

. Il est une inversion qui laisse (Γ) globalement invariant · celle de centre 0, de rapport $p = P_{(\Gamma)}(0)$ (puisque tout point M de (Γ) est transformé en M_1 tel que $\overline{OM}.\overline{OM_1} = p = P_{(\Gamma)}(0)$, c'est-à-dire en un point de (Γ)).

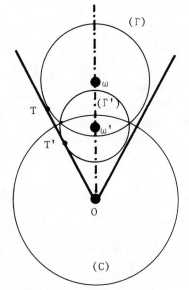

- Par cette inversion, (Γ) est transformé en (Γ).

- Par l'homothétie de centre 0, de rapport $\dfrac{k}{p}$, (Γ) sera transformé en (Γ'), cercle homothétique.

- Donc (Γ) sera transformé en (Γ') dans l'inversion de centre 0 de rapport k.

Remarque : Pour construire (Γ') à partir du cercle (C) d'inversion et de (Γ), on peut remarquer que (Γ) et (Γ') ont deux tangentes communes qui passent par 0, avec T et T' inverses l'un de l'autre comme point de contact ; (cas des puissances d'inversion positives).

"Tous ceux qui travaillent se crachent dans les mains ?

Naturellement, répondit Jacquemort. C'est pour faire mourir le poil".

> Boris Vian
> L'Arrache cœur

1.5. L'inversion en coordonnées polaires $M(r,\theta) \longrightarrow M'(\frac{k}{r},\theta)$

1.5.1. Courbes inverses :

équation $\theta = 0$

transformée en $\theta = 0$

a) d'une droite passant par O : globale-ment invariante

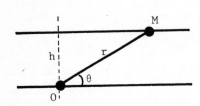

b) une droite ne passant par par O

 - elle a pour équation $h = r \sin \theta$
 - qui est ransformée en $r = \frac{k}{h} \sin \theta$:

c'est l'équation d'un cercle passant par l'origine

 - et réciproquement ...

c) un cercle ne passant pas par O :

l'équation de ce cercle peut s'écrire

$$(x-d)^2 + y^2 = R^2$$

soit

$$r^2 - 2rd \cos \theta + d^2 - R^2 = 0$$

qui est l'équation d'un cercle (centré sur l'axe polaire)

il sera transformé en

$$\frac{k^2}{r^2} - 2 \frac{k}{r} d \cos \theta + d^2 - R^2 = 0$$

$$k^2 - 2krd \cos \theta + (d^2 - R^2) r^2 = 0$$

$$r^2 - 2r \frac{kd}{d^2-R^2} + \frac{k^2}{d^2-R^2} = 0$$

c'est l'équation d'un cercle, centré sur l'axe polaire, à la distance
$d = \dfrac{kd}{d^2 - R^2}$, de rayon $R = \dfrac{kR}{d^2 - R^2}$

1.5.2. $\boxed{V_1 + V_2 = 0 \ (\mathrm{mod} \ \pi) \ ?}$

Soit (C_1) la première courbe. On suppose connue une de ses équations en coordonnées polaires, soit $r_1 = f_1(\theta)$.

Soit (C_2) la courbe déduite de (C_1) par inversion de centre O, de rapport k. Alors une équation de C_2 est $r_2 = f_2(\theta)$ avec

$r_2 = \dfrac{k}{r_1}$ et $\theta_2 = \theta_1$, donc $r_2 = \dfrac{k}{f_1(\theta)}$

alors on a

$$\mathrm{tg} \ V_1 = \frac{f_1(\theta)}{f_1'(\theta)} \qquad \mathrm{tg} \ V_2 = \frac{-f_2(\theta)}{f_2'(\theta)} \qquad \mathrm{tg} \ V_2 = \frac{k(f_1(\theta))^2}{f_1(\theta)(-k)f_1'(\theta)} = \frac{-f_1(\theta)}{f_1'(\theta)}$$

donc $\mathrm{tg}(V_1 + V_2) = \dfrac{\mathrm{tg} \ V_1 + \mathrm{tg} \ V_2}{1 - \mathrm{tg} \ V_1 \ \mathrm{tg} \ V_2} = 0$

soit $V_1 + V_2 = 0 \ (\mathrm{mod} \ \pi)$ \qquad\qquad c.q.f.d.

1.5.3. Inverses de conique

a) $r = \dfrac{P}{1 + e \cos \theta}$ se transforme en $r = \dfrac{k}{p}(1 + e \cos \theta)$: ce sont les équations des limaçons de Pascal, cas particuliers d'ovales de Descartes. (si $e = 1$ la conique (parabole) est inversée en une cardioïde).

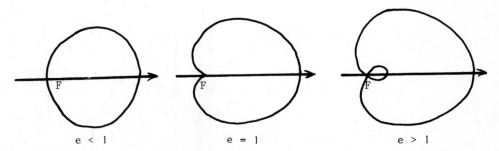

e < 1 \qquad\qquad e = 1 \qquad\qquad e > 1

b) L'inverse d'une hyperbole équilatère, par rapport à son centre, est une lemniscate de Bernouilli (cas particulier d'ovale de Cassini). On pourrait chercher les inverses des ovales de Cassini ...

II. CERCLES ORTHOGONAUX

2.2.1. Théorème

Si deux cercles se coupent suivant un angle θ, leurs inverses se coupent aussi suivant θ.

<u>cas 1</u> : (Γ_1) <u>et</u> (Γ_2) <u>sont sécants en O</u>

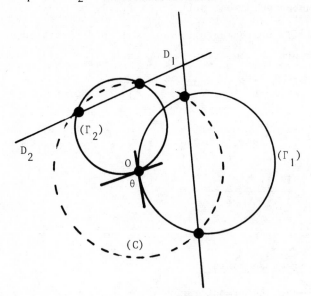

<u>Cas 2</u> : (Γ_1) <u>et</u> (Γ_2) <u>sont tangents en O</u>

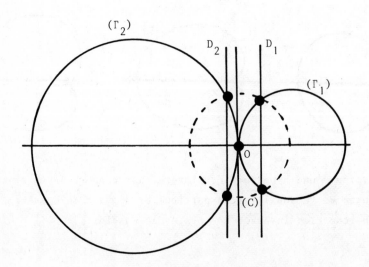

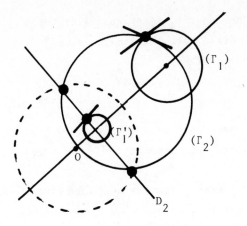

Cas 3 : (Γ_2) seul passe par O

Cas 4 : ni (Γ_1) ni (Γ_2) ne passent par O

(faire la figure)

Démonstration du théorème 2.2.1

Soit O le centre d'inversion.

Alors (Γ_1) et (Γ_2) admettent une équation polaire en $\rho = f(\theta)$ et on sait (théorème 1.5.2) que l'angle que fait le rayon vecteur avec la tangente est conservé en valeur absolue, modulo π.

Soient M un point d'intersection de (Γ_1) et (Γ_2), MT_1 et MT_2 les tangentes en M à (Γ_1) et (Γ_2). Soient (Γ'_1) et (Γ'_2) les inverses de (Γ_1) et (Γ_2), et $(M'T'_1)$ $(M'T'_2)$ leurs tangentes en M'

alors $(OM,MT_1) + (OM',M'T'_1) = 0$ (mod π)

$(OM,MT_2) + (OM',M'T'_2) = 0$ (mod π)

$(M'T'_1,M'T'_2) = (M'T'_1,OM') + (OM',OM) + (OM,MT_1)$

$\qquad\qquad + (MT_1,MT_2) + (MT_2,OM) + (OM,OM')$

$\qquad\qquad + (OM',M'T'_2)$

$(M'T'_1,M'T'_2) = (MT_1,MT_2)$ (mod π)   c.q.f.d.

★ On peut remarquer que : (ou "vers une approche intuitive du théorème") localement l'inversion est une symétrie (associée à une homothétie, si l'on est loin du bord) ; par exemple $1+x$ est transformé en $\frac{1}{1+x} = 1-x + O(x^2)$: symétrie, si l'on se contente d'une approximation du

1er ordre. S'intéresser à la tangente d'une courbe, c'est assimiler cette courbe au 1er ordre, l'approximation "symétrie" est légitime... et elle conserve les angles en modifiant leur sens...★

Exercice 2.2.2.

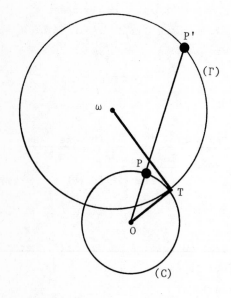

. (Γ) passe par P et P', inverses l'un de l'autre, par rapport à (C) de rayon $\sqrt{k}$

$\overline{OP}.\overline{OP'} = (\sqrt{k})^2$ (puissance d'inversion) donc $k = \mathbf{P}_{(\Gamma)}(O)$ donc quel que soit le point M de Γ : $\overline{OM}.\overline{OM'} = \overline{OP}.\overline{OP'} = k$ où M' est à la fois l'inverse de M et le point où OM recoupe (Γ) : (Γ) est globalement invariant.

. Menons de O une tangente OT à (C) [c'est possible car la puissance de O par rapport à (Γ) est positive.]

Alors $OT^2 = \mathbf{P}_{(\Gamma)}(O) = k$, donc $OT = \sqrt{k}$: T appartient aussi à (C). Au point d'intersection T de (Γ) et (C), OT et ωT sont perpendiculaires : Les cercles sont orthogonaux.

Exercice 2.2.3.

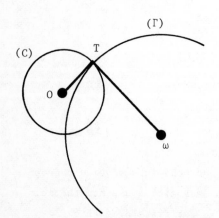

Soit (Γ) orthogonal à (C) et T un de leurs points d'intersection, alors $O\omega^2 = OT^2 + T\omega^2$

$$k = OT^2 = O\omega^2 - T\omega^2 = d^2 - R^2$$

i.e. $\mathbf{P}_{(\Gamma)}(O) = k$: (Γ) est globalement invariant.

Exercice 2.2.4.

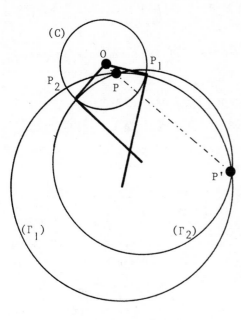

Soit (C) le cercle d'inversion et P un point (non sur (C)).

. On peut toujours tracer une infinité de cercles passant par P et orthogonaux à (C) : on choisit un point P_i sur (C), et le centre de cercle cherché est à l'intersection de la tangente en P_i à (C) et de la médiatrice de PP_i (ce qui impose de ne pas choisir P_i sur OP - ce serait impossible car P_i ne pourrait être à la fois son propre inverse et l'inverse de P).

. Soient (Γ_1) et (Γ_2) deux de ces cercles qui se recoupent en P'.

(Γ_1) est globalement invariant, donc l'inverse de P est sur Γ_1 ; de même il est sur (Γ_2) : c'est le point P'.

Tous les cercles orthogonaux à (C) passant par P passent aussi par P' (ils forment un faisceau à points de base).

"La question ne se pose pas.
Elle en est absolument incapable".

Boris Vian

III. LE THEOREME DE FEUERBACH

On montrera que le cercle des neuf points (Ω) est tangent au cercle inscrit (Γ) et au cercle exinscrit (Γ_A) de centre I_A.

Pour cela, on va transformer la figure par inversion : on transformera (Ω) en une droite et on laissera (Γ) et (Γ_A) invariants. Il suffira alors de montrer que la droite transformée de (Ω) est tangente à (Γ) et (Γ_A) ; comme l'inversion conserve les contacts, cela prouvera bien que (Ω) est tangent à (Γ) et (Γ_A).

Comment choisir le cercle (C) d'inversion ?

Si on veut que (Γ) et (Γ_A) soient invariants, on peut choisir un cercle orthogonal aux deux cercles : par exemple centré sur BC et passant par A_1 et A_2.

On veut transformer (Ω) en une droite : il faut donc que le cercle d'inversion soit centré en un point de Ω.

BC coupe (Ω) en A' et A''. <u>Montrons que</u> $A'A_1 = A'A_2$.
(Nous pourrons alors choisir (C) centré en A', de rayon $A'A_1 = A'A_2$)

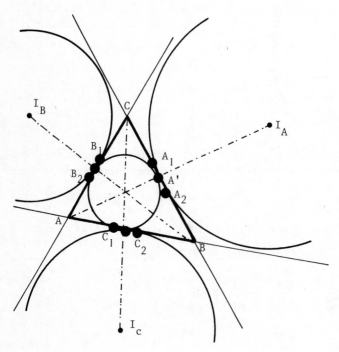

Soit donc ABC un triangle.

$A_1B_1C_1$ sont les points de contact avec le cercle inscrit, $A_2B_2C_2$ ceux avec les cercles exinscrits.

on a :

$$\left.\begin{array}{l} AC_1 = AB_1 \\ CB_1 = CA_1 \\ BA_1 = BC_1 \end{array}\right\} \implies CA_1 = p - c$$

où p est le demi-périmètre et c la longueur de BA.
de même

$$\left.\begin{array}{l} BA_2 = BC_2 \\ AC_2 = AB_2 \\ CB_2 = CA_2 \end{array}\right\} \implies BA_2 = p - c$$

Donc $BA_2 = CA_1$ et comme $BA' = CA'$, si A' est le milieu de A_1A_2, on a bien :

$$\boxed{A'A_1 = A'A_2}$$

On choisit donc *le cercle d'inversion* (C) centré en A', milieu de BC, et passant par A_1 et A_2.

<u>On tranforme</u> : (Γ) et (Γ_A) sont invariants car orthogonaux à (C). (Ω) passe par le centre d'inversion A' : il sera transformé en une droite (D), parallèle à sa tangente en A'.

<u>Etudions cette tangente</u>

Soit ABC un triangle ...

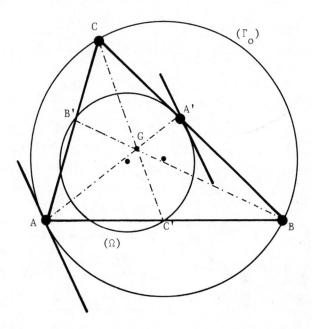

. Soit (Γ_o) le cercle circonscrit au triangle ABC.

Soit G le centre de gravité (point d'intersection des médianes AA', BB', CC') l'homothétie **h** de centre G, de rapport $\left(-\frac{1}{2}\right)$ transforme A en A' ; B en B' ; C en C' ; donc elle transforme le cercle (Γ_o) en le cercle de neuf points (Ω). Donc la tangente en A' au cercle des neuf points est parallèle à la tangente en A au cercle circonscrit.

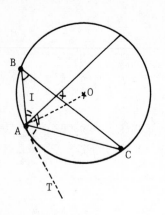

. Soit toujours ABC un triangle (!)

Soit AI la bissectrice intérieure de l'angle A et AT la tangente en A au cercle circonscrit. Comparons les positions de BC et AT par rapport à AI.

$(AI, BC) = \pi - \dfrac{A}{2} - B$ (triangle BAI)

$(AC, AT) = (BC, BA)$ (tangente interceptant l'arc AC)

$(AI, AT) = \dfrac{A}{2} + B$

d'où $(AI, BC) + (AI, AT) = 0$ (mod π)

AT et BC sont symétriques par rapport à AI

Donc la tangente à (Ω) en A' est symétrique de BC par rapport à AI.

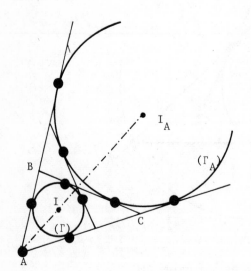

On vient donc de voir que le cercle (Ω) est transformé en une droite D qui est parallèle à sa tangente en A', donc qui est symétrique de BC par rapport à AI.

BC est une des tangentes intérieures aux cercles (Γ) et (Γ_A). La deuxième tangente intérieure est symétrique de BC par rapport à AI.

Montrons que D — transformée de Ω — est la deuxième tangente intérieure aux cercles (Γ) et (Γ_A).

<u>Montrons que D - transformée de Ω - est la deuxième tangente inté-
rieure aux cercles</u> (Γ) <u>et</u> (Γ_A).

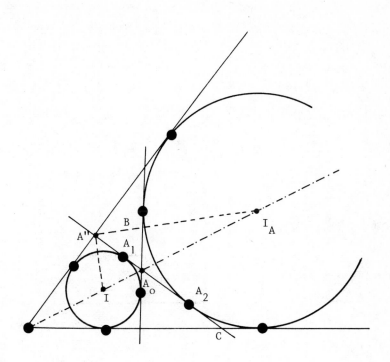

Soit A_o le point où BC (et la deuxième tangente) coupent AI.

Le faisceau (BA,BC,BI,BI_A) est harmonique : côtés et bissectrices
d'un triangle.

Donc $(AA_o II_A) = -1$ et en projettant sur BC :

$(A'' ; A_o ; A_1 ; A_2) = -1$

ce qui peut s'écrire :(A' milieu de $A_1 A_2$)

$$\overline{A'A''} . \overline{A'A_o} = (\overline{A'A_1})^2 = \text{puissance d'inversion}$$

A_o est donc le transformé de A'' dans l'inversion. A'' appartient à (Ω),
donc A_o appartient à D.

Par conséquent, D, qui est parallèle à la deuxième tangente et qui
a avec elle le point A_o commun, est cette dernière tangente.

Donc D est tangente à (Γ) et (Γ_A)   c.q.f.d.

INTRODUCTION A LA GÉOMÉTRIE DANS L'ESPACE

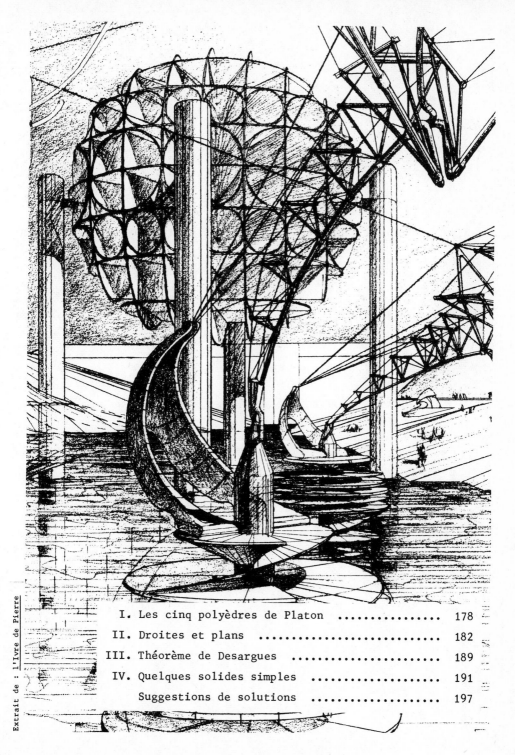

Extrait de : l'Ivre de Pierre

GÉOMÉTRIE DANS L'ESPACE

Vivre, c'est passer d'un espace à l'autre
sans trop se cogner.

G. Perrec
Espèces d'espaces

Jan Vredeman de Vries (Traité de perspective)

La plupart de nos habitudes de visions et de représentation sont as-
sociées au plan : dessin à deux dimensions, projection plane, tableau à
double entrée, etc. La géométrie des solides, riche et amusante, a de ce
fait échappé davantage à l'activité géométrique, alors qu'elle est partie
intégrante de l'approche du monde physique.

Il existe au moins deux modes de représentation de l'espace dans le
plan. L'une est la représentation en perspective ; c'est elle qui montre
une route s'en allant au loin ; elle se rétrécit à l'horizon. Les deux
lignes parallèles sont représentées par deux droites qui se coupent à l'infini. Celle-là suggère une route ou des rails. Par contre, dans la repré-

sentation mathématique normalement utilisée en géométrie classique, deux
lignes parallèles sont représentées par deux droites qui ne se coupent pas.
Ces représentations mathématiques reposent sur la notion de coordonnées,
de projections sur des axes. Ces deux représentations sont figurées sur la
figure ci-dessous qui montre une sphère

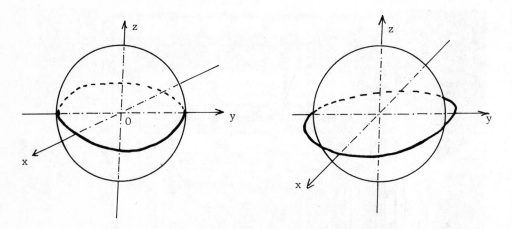

La figure de gauche montre une sphère en perspective ; on voit un
grand cercle de front et un autre, plus petit, entièrement contenu à l'intérieur du premier : c'est la représentation utilisée dans les livres de
géographie.

La figure de droite, utilisant la représentation mathématique, montre
au contraire, pour la même sphère, un grand cercle vu de front et un autre
cercle extérieur au premier.

Dans ces deux modes de représentation, le premier est conforme aux
habitudes de l'intuition, le second leur est étranger.

Ce chapitre traitera de la représentation dans l'espace des éléments
géométriques simples et de leur position relative possible.

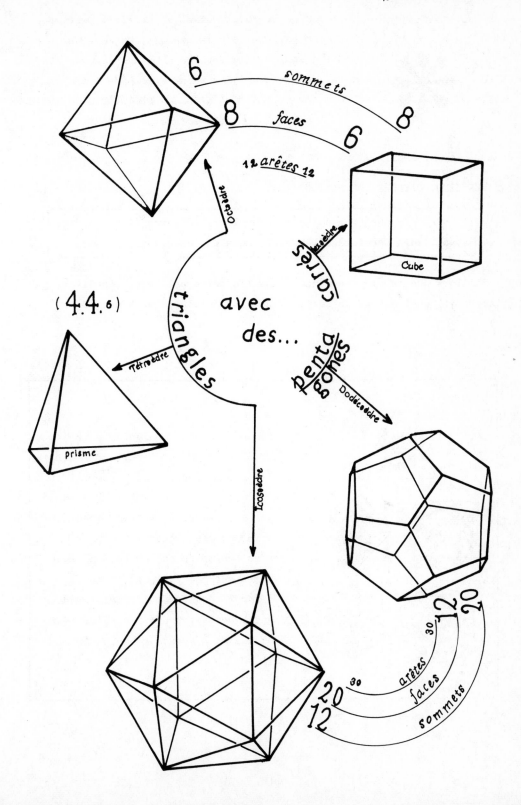

6 sommets 8

8 faces 6

12 arêtes 12

Octaèdre

Cube

carrés

triangles

avec des...

(4.4.6)

pentagones

Tétraèdre

Dodécaèdre

prisme

Icosaèdre

12 20 30

30 arêtes

faces

20 12 sommets

*J'ai connu un homme qui avait la curieuse
manie, le soir au dessert, de découper des
figures géométriques dans des pommes, tout
en mangeant les pelures. La plupart du
temps, la résolution du problème s'achevait
par l'absorption totale de la pomme.*

Lichtenberg

I. LES CINQ POLYEDRES DE PLATON

> Il n'existe que cinq polyèdres réguliers convexes, c'est-à-dire
> ayant leurs faces régulières et leurs angles égaux.

Alors que le plan présente une infinité de polygones réguliers, on
s'aperçoit qu'il n'y a, en réalité que cinq polyèdres de base.

*Les cinq solides parfaits extraits
de l'<<Harmonices Mundi>>' (l'har-
monie universelle) de Képler. Le
cube est un solide régulier à six
faces carrées. Le dodécaèdre a
douze faces, chacune ayant cinq côtés. Les trois autres solides réguliers ont des faces en forme de
triangle équilatéral : le tétraèdre
a 4 faces triangulaires, l'octaèdre
en a 8 et l'icosaèdre en a 20.*

En effet, on remarque qu'en essayant de remplir un espace avec des
volumes réguliers dont les faces sont successivement des triangles équilatéraux, des carrés, des pentagones, etc., on remarquera que : en accolant
par un sommet trois triangles équilatéraux, on obtiendra le début d'un
tétraèdre ; en accolant par un sommet quatre triangles équilatéraux, on
obtiendra le début d'un *octaèdre* ; avec cinq triangles équilatéraux, on
obtiendra le début d'un *icosaèdre*.

Maintenant, si l'on essaie d'accoler six triangles équilatéraux, la
figure obtenue sera plane et ne pourra constituer un polyèdre régulier.
Recommençons l'opération en accolant trois sommets d'un carré, nous obtien-
drons le début d'un *cube*. Si on accole, toujours par un sommet, quatre
carrés, la figure obtenue sera plane et ne pourra, comme précédemment,
constituer le début d'un polyèdre régulier.

Essayons maintenant avec un pentagone : en accolant par un sommet
trois pentagones, nous obtenons le début d'un *dodécaèdre*. Il ne sera pas
possible d'accoler par un sommet quatre dodécaèdres ni plus, car la figure
obtenue serait plane et ne pourrait donc constituer le début d'un polyèdre
régulier.

En continuant de la sorte, on s'aperçoit que pour des polygones
ayant plus de cinq côtés, il n'est plus possible de les accoler entre eux.
En effet, en accolant par un sommet trois polygones à six côtés, on obtient
une surface plane qui ne peut constituer le début d'un polyèdre régulier.

★ Les solides sont duaux l'un de l'autre

Si l'on inscrit un point au centre de chacune des faces d'un cube et
si l'on relie ces divers points, on obtient un octaèdre. En partant de
l'octaèdre, on obtient, par la même opération, un cube. On dit que le cube
et l'octaèdre sont duaux.

La même opération pratiquée sur un icosaèdre conduit à un dodécaèdre,
et inversement. Quant au tétraèdre, la même opération conduit à un tétraèdre.

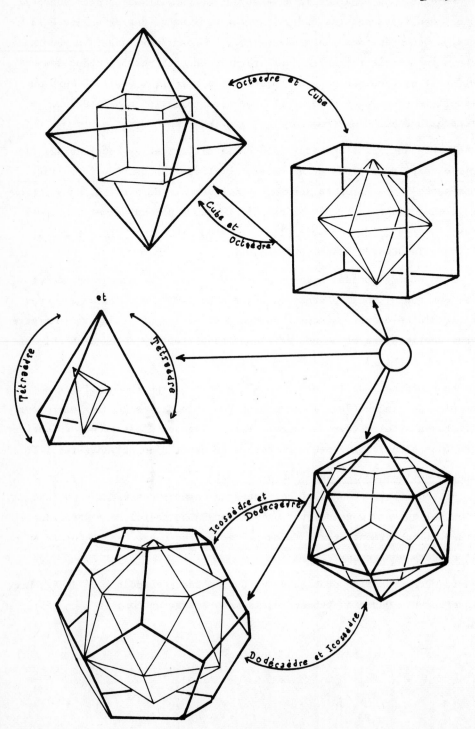

La découverte par les anciens de l'existence de ces cinq solides élémentaires a été associée par eux à une philosophie du monde. Pour les pythagoriciens, (450 avant Jésus-Christ), le cube représentait la terre, le tétraèdre le feu, l'octaèdre l'air et l'icosaèdre l'eau ; un cinquième élément s'associait à ces quatre éléments fondamentaux, le dodécaèdre signifiant l'enveloppe des astres et de l'univers. L'idée fut reprise par Platon et élargie : la matière première recevait ainsi sa forme des quatre éléments terre, feu, air, eau, qui avaient une forme géométrique et ne pouvaient s'assembler que suivant certains rapports.

Le dodécaèdre fut associé aux douze signes du Zodiaque. Copernic, plus tard, construisit un modèle astronomique présentant des sphères emboitées reliées par les cinq solides élémentaires.

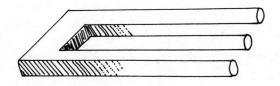

II. DROITES ET PLANS

On ne définira pas la notion de plans et de droites, se limitant d'accepter les indications intuitives qui amènent leur représentation au moyen de rectangles et de segments de droite.

On dit en mathématique que la droite est de dimension 1 parce qu'on ne peut s'y déplacer que selon une seule direction ; le plan est désigné comme étant de dimension 2 parce que deux directions sont nécessaires pour le définir ; quant à l'espace, il sera, forcément, de dimension 3.

2.1.1. <u>Positions respectives de deux plans</u>

Deux plans peuvent être, dans l'espace, ou parallèles ou sécants. Ils sont dits parallèles lorsqu'ils n'ont aucun point commun ; ils sont dits sécants lorsqu'ils ont des points communs. Dans ce cas, on démontre qu'ils se coupent suivant une droite.

En algèbre linéaire, on a associé l'espace physique à un espace de dimension 3. Le plan est alors associé à un sous-espace de dimension 2 et la droite à un sous-espace de dimension 3. Deux plans parallèles sont deux sous-espaces de dimension 2 sans intersection. Deux plans sécants sont deux sous-espaces de dimension 2 qui se coupent suivant un sous-espace de dimension 1.

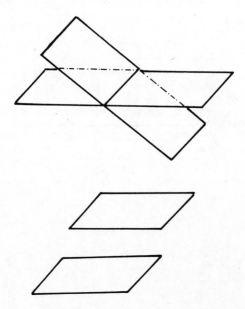

2.1.2. Positions relatives d'un plan et d'une droite

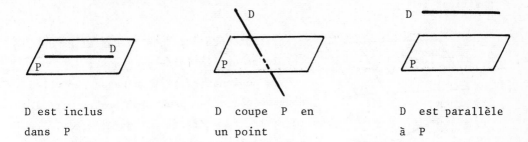

D est inclus
dans P

D coupe P en
un point

D est parallèle
à P

2.1.3. Positions relatives de deux droites

Il existe quatre possibilités :

a) Si l'on considère deux droites
dans un plan, elles peuvent être soit
parallèles, soit sécantes, soit confondues c'est-à-dire superposées.

Deux droites parallèles ou sécantes déterminent un plan unique.
Une droite et un point extérieur à celle-ci déterminent également un plan
unique.

b) par contre, il n'est pas nécessaire que deux droites quelconques
soient dans un même plan.

Soit D_0 une droite et P_0 un plan parallèle à D_0.

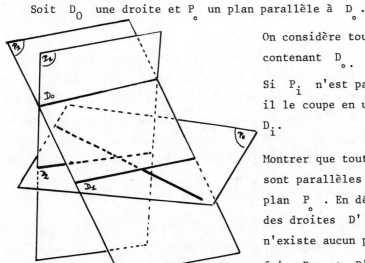

On considère tous les plans P_i
contenant D_0.

Si P_i n'est pas parallèle à P_0,
il le coupe en une droite désignée
D_i.

Montrer que toutes les droites D_i
sont parallèles entre elles dans le
plan P_0. En déduire qu'il existe
des droites D' telles qu'il
n'existe aucun plan contenant à la
fois D_0 et D'.

★ En somme : deux droites dans l'espace peuvent occuper quatre positions :

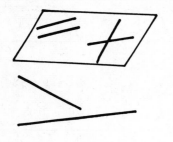

- être confondues ; dans ce cas elles déterminent une infinité de plans ;
- être coplanaires ; il ne passe par elles dans ce cas qu'un seul plan commun dans lequel elles sont ou sécantes ou parallèles
- ne pas être coplanaires ; aucun plan commun, dans ce cas, ne passera par elles. ★

Remarques :

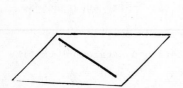

. On réserve le terme droites parallèles à deux droites coplanaires sans point commun : ainsi deux droites qui ne se coupent pas ne sont pas nécessairement parallèles.

(on les dit généralement "quelconques").

★★Noter la différence dans les définitions : pour définir le parallélisme de deux plans, ou d'une droite et d'un plan, il suffit de dire qu'ils n'ont pas de point commun. Le parallélisme de deux droites est plus délicat, c'est parce que $2+2 \geqslant 3$ et $2+1 \geqslant 3$ alors que $1+1 \leqslant 3$.★

L'intersection d'un plan, sous espace de dimension 2, est une droite, sous espace de dimension 1, dans l'espace qui est de dimension 3 (se reconnait facilement comme un sous-espace de dimension 1 ou comme l'ensemble vide). Par contre, l'intersection de deux droites, qui sont des sous-espaces de dimension 1, n'est plus nécessairement un sous-espace de l'espace de départ. C'est pourquoi deux droites peuvent être sans aucun point commun.

. Deux plans parallèles peuvent contenir des droites non parallèles.

. Si deux droites de l'espace sont quelconques, on peut toujours trouver deux plans (et même deux infinités de plans) qui contiennent chacun une des droites et qui soient parallèles.

2.1.4. Exercices

a) Soient P_1 et P_2 deux plans parallèles. Montrer que si un plan P coupe P_1 en D_1 et P_2 en D_2, alors D_1 est parallèle à D_2.

b) Soient P' et P" deux plans qui se coupent suivant une droite D ; soit D_o une droite parallèle à P' et P". Montrer que D et D_o sont parallèles.

c) Soient P_o un plan et M un point n'appartenant pas à P. Montrer que l'ensemble des droites passant par M et parallèles à P_o forment un plan P parallèle à P_o.

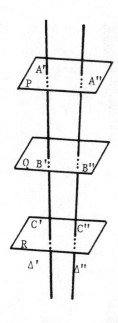

d) Soient P, Q, R trois plans parallèles et Δ' ; Δ'' deux droites qui les coupent respectivement en A' ; B'; C'; A"; B"; C"; (Δ' et Δ'' ne sont pas nécessairement coplanaires)

Montrer que $\dfrac{A'B'}{A''B''} = \dfrac{B'C'}{B''C''} = \dfrac{C'A'}{C''A'}$.

2.2. ANGLES ET ORTHOGONALITE

2.2.1. Deux droites

La définition de l'angle de deux droites co-planaires étant connue, comment procéder pour des droites non co-planaires ?

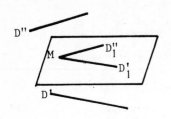

Soient D' et D" deux droites non coplanaires. On mène par un point M quelconque
une droite D_1' parallèle à D' et D_1'' parallèle à D".

L'angle (D_1', D_1'') est indépendant du point
M choisi. On l'appelle angle de D' et D".

2.2.2. Droite et plan

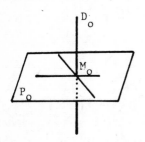

. Deux droites sont dites *orthogonales* si la
mesure de l'angle qu'elles forment est
$\frac{\pi}{2}$ (modulo π).

. Soit D_o une droite coupant un plan P_o en
un point M_o. Montrer que si D_o est orthogonale à deux droites de P_o passant par M_o,
alors elle est orthogonale à toute droite de
P_o.

On dit que D_o est orthogonale (ou perpendiculaire) à P_o.

Remarque :

Pourquoi avoir choisie D_o perpendiculaire à deux droites de P_o ?
Une n'aurait-elle pas suffi ?

Etudier en général les angles d'une droite D_o et des droites d'un
plan P_o passant par M_o.

Essayer de donner une définition de l'angle d'une droite et d'un
plan, de la projection d'une droite sur un plan.

2.2.3. Angles de deux plans

Définir l'angle de deux plans.

. Soit D une droite et A un point (qui peut être où
ne pas être... sur D).

Montrer qu'il existe un plan P unique contenant A
et perpendiculaire à D.

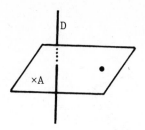

. Soit P un plan et A un point (qui
appartient ou non à P).

Soit B un point.

Montrer que l'ensemble des points M de
P tels que MA = BA est un cercle.

2.2.4. Perpendiculaire commune à deux droites

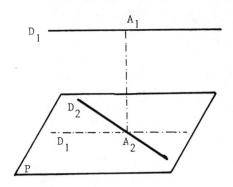

Etant données deux droites D_1 et
D_2, on cherche s'il existe une droite
qui soit à la fois perpendiculaire
et sécante aux deux droites.

Suggestions :

. Soit P le (?) plan passant par
D_2 parallèle à D_1.

. Soit D_1' la projection orthogonale à D_1 sur P(?), qui coupe
D_2 en A_2(?).

. La perpendiculaire menée de A_2 à P coupe D_1 en A_1(?).

. A_1A_2 : solution et unicité ?

2.2.5. Théorème des trois perpendiculaires

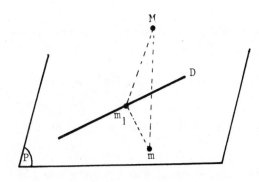

Soit P un plan, D une droite
de P et M un point extérieur
à P. M se projette en m sur
P et m se projette en m_1 sur
D.

Montrer que Mm_1 est orthogonale
à D.

2.2.6. L'escalier impossible :

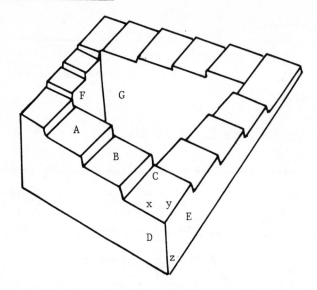

Le dessin ci-dessus est une simplification de la maison d'Escher. On a donné des lettres majuscules aux plans et des minuscules aux droites (Plans et droites sont infinis).

. D||G. Donner trois autres couples de plans parallèles.

. A⊥F. Donner trois autres couples de plans perpendiculaires.

. x||B . Donner trois autres exemples de droites parallèles à des plans.

. y⊥D. Donner trois autres exemples de droites perpendiculaires à un plan.

a) Si deux droites sont perpendiculaires à un même plan, sont-elles parallèles entre elles ?

b) Si une droite est perpendiculaire à l'un de deux plans parallèles, est-elle perpendiculaire à l'autre ?

c) Si deux plans sont perpendiculaires à un troisième, sont-ils parallèles entre-eux ?

d) Si deux droites sont dans deux plans parallèles, sont-elles parallèles entre-elles ?

Ces analyses tentent de rendre compte de la construction de l'illusion d'optique par Escher.

des illusions...

III. THEOREME DE DESARGUES

De même qu'il est parfois plus facile d'utiliser le corps des complexes pour résoudre des problèmes du corps des réels (équations du second degré - fractions rationnelles - équations différentielles - calcul intégral), la géométrie à trois dimensions peut se révéler efficace pour la résolution de problèmes à deux dimensions.

Le théorème de Desargues démontre que certains points sont alignés ; l'espace sera utilisé pour cette démonstration qui, pourtant, ne concerne que le plan.

Soient $ABCA'B'C'$ six points coplanaires

On pose $AB \cap A'B' = \{\gamma\}$ $BC \cap B'C' = \{\alpha\}$ $CA \cap C'A' = \{\beta\}$.

Montrer que les droites AA' ; BB' ; CC' sont concourantes "si et seulement" α ; β ; γ sont alignés.

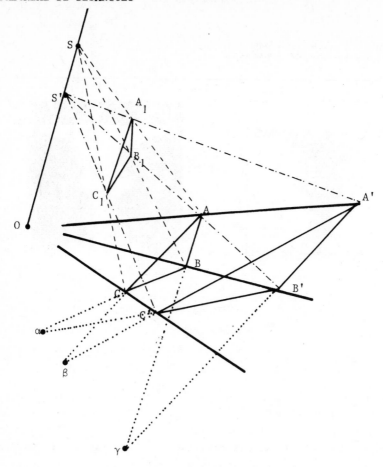

Suggestions pour la démonstration

(On suppose AA', BB', CC' concourantes en O).

. La méthode consiste à démontrer que α ; β ; γ – qui appartiennent au plan P de ABCA'B'C' appartiennent aussi à un autre plan P_1 que l'on va construire. Ils sont donc alignés sur $P \cap P_1$.

. Montrer que la construction suivante est possible.
Soit Δ une droite issue de O, non incluse dans P.

 – On choisit sur Δ deux points distincts S et S'.
 – On pose $SA \cap S'A' = \{A_1\}$ $SB \cap S'B' = \{B_1\}$ $SC \cap S'C' = \{C_1\}$.
 – On voit à travers $A_1B_1C_1$, le triangle ABC à partir de S, le triangle A'B'C' à partir de S'.

. En déduire que α, β, γ appartiennent au plan P_1 (plan de A_1, B_1, C_1).

qui ne voit qu'en parlant de volumes, le
géomètre ne parle que des surfaces qui
les limitent ?

> G. Bachelard
> la poétique de l'espace

IV QUELQUES SOLIDES SIMPLES

(extraits du "traité de géomètrie" de E. Rouché et Ch. de Camberousse).

"*On appelle* polyèdre *tout corps terminé de toutes parts par des plans. Ces plans, en se limitant naturellement, déterminent les arêtes, les faces et les sommets du polyèdre... Le polyèdre a pour diagonales les droites qui unissent deux sommets quelconques non situés sur une même face. On a donné des noms particuliers à certains polyèdres d'après le nombre de leurs faces. Ainsi tout polyèdre ayant quatre faces est un tétraèdre. Les noms hexaèdre, octaèdre, dodecaèdre, icosaèdre, correspondent aux polyèdres de six, huit, douze, vingt faces*".

"*Un polyèdre est* convexe *lorsqu'il reste tout entier d'un même côté de chacune de ses faces prolongées indéfiniment*".

Montrer qu'une droite quelconque ne peut rencontrer la surface d'un polyèdre convexe en plus de deux points.

4.1. LES PRISMES

4.1.1.

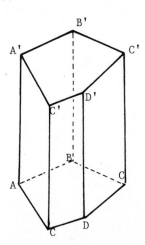

Un prisme est un polyèdre compris sous plusieurs plans parallélogrammes réunis entre eux par deux faces opposées égales et parallèles. Si BB' est orthogonale à ABCDE, le prisme est dit droit. Sinon, il est oblique.

4.1.2.

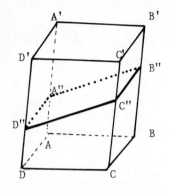

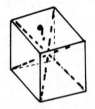

Un *parallélépipède* est un prisme dont les bases sont des parallélogrammes.

. Montrer que tout plan coupant un paral-lélépipède, le coupe suivant un parallé-logramme dans le cas où le plan coupe le parallélépipède suivant 2 faces opposées.

. Montrer que les quatre diagonales se coupent en leur milieu.

. Alors que les diagonales d'un carré sont perpendiculaires, les trois diago-nales d'un cube (qui sont concourantes) ne sont pas orthogonales.

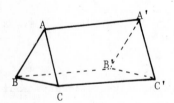

Montrer qu'elles ne peuvent être orthogonales (raisonnement par l'absurde en utilisant le fait que l'espace est de dimension 3).

4.1.3.

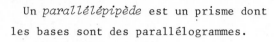

Quand on dit prisme, on entend généra-lement un solide à base triangulaire, en verre, utilisé en physique pour mettre en évidence le spectre de la lumière (ci contre prisme droit).

Calculer le volume d'un tel prisme.

4.1.4. ★

Extension à un espace de dimension 4 de la notion de cube, (d'après Harold R. Jacobs).

On dessine dans le plan de dimension 2 un carré ; on imagine ou on construit dans l'espace de dimension 3 un cube.

Pourrait-on se demander quelle serait dans un espace de dimension 4 l'équivalent du carré de dimension 2 ou du cube de dimension 3 ?

On appellera cette construction "pavé de dimension 4" (en anglais, <u>tesseract</u>). ★

. Comme on représente un cube de dimension 3 dans un plan de dimension 2, on doit pouvoir imaginer la représentation dans l'espace de dimension 3 du pavé de dimension 4.

Dans la figure ci-dessous, une lumière ponctuelle projette sur un écran un cube de dimension 3. L'ombre est formée de deux carrés emboités reliés par l'ombre des arêtes du cube ; on peut y voir les 6 faces, les 12 arêtes et les 8 sommets du cube.

Maintenant supposons qu'un pavé de dimension 4 ait avec son ombre en dimension 3, les mêmes relations que le cube et l'ombre sur l'écran. Dans ce cas l'ombre sera formée de 2 cubes, l'un à l'intérieur de l'autre, dont les sommets seront reliés par les arêtes.

Essayer de représenter sur le plan de dimension 2 l'ombre en dimension 3 du pavé de dimension 4.

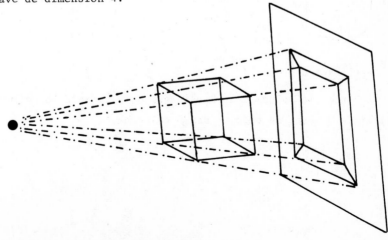

4.1.5. Calculs de volumes

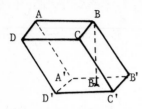

. On appelle hauteur d'un parallélépipède les droites issues d'un sommet et perpendiculaires à la face opposée (souvent assimilée au segment (BB_1) de cette droite compris entre les deux plans des faces).

Montrer que le volume d'un parallélépipède est égal au produit de la surface ABCD par la hauteur BB_1.

(Construire un parallélépipède droit de même volume).

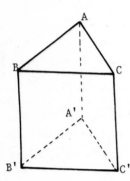

. Montrer que le volume *d'un prisme triangulaire* (moitié d'un parallélépipède) est égal au produit de la base par la hauteur.

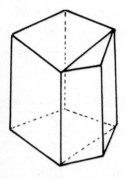

. Montrer que le volume d'un prisme *quelconque* est égal au produit de la base par la hauteur (on pourra le décomposer en prismes triangulaires).

Application :

Calculer le volume d'un bassin qui a la forme d'un prisme hexagonal régulier de 1 mètre de côté et de 75 cm de haut.

4.2. LES PYRAMIDES

4.2.1.

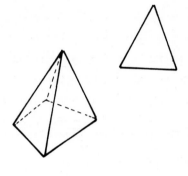

. Une *pyramide* est un polyèdre dont l'une des faces est un polygone, les autres des triangles ayant pour bases un côté du polygone et le troisième sommet commun.

. Si la base est un triangle, la pyramide s'appelle un tétraèdre.

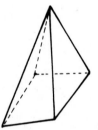

. Une *pyramide régulière* est une pyramide dont la base est un polygone régulier, et dont le sommet est sur la perpendiculaire au plan de base menée du centre de ce polygone. Les pyramides égyptiennes sont régulières, avec pour base un carré. Dans une pyramide régulière, toutes les faces sont égales. La hauteur de l'une de ces faces s'appelle l'apothème de la pyramide.

4.2.2. Calcul du volume des pyramides

. Montrer que deux pyramides triangulaires de même base et de hauteur égale ont même volume.

. Calculer le volume d'une pyramide triangulaire régulière.

. En déduire le volume d'une pyramide quelconque.

4.2.3. <u>Exercices</u>

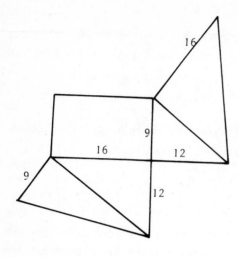

a) Ci-contre le développement d'une pyramide rectangulaire : la représenter,

* calculer sa surface latérale

* calculer son volume.

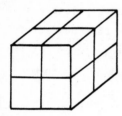

b) Montrer que huit cubes identiques assemblés forment un autre cube.

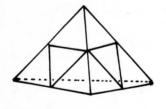

c) Une pyramide dont les faces sont des triangles équilatéraux est appelée un tétraèdre régulier.

Combien de tétraèdres réguliers faut-il assembler pour former à nouveau un tétraèdre régulier.

SUGGESTIONS DE SOLUTIONS

J'engage avec le Snark,
chaque nuit dans les brumes
Du songe, un extravagant
combat; je le sers
Sous des voûtes obscures garnies
de légumes
Verts, ou bien je m'en sers en
guise de frottoir.

Lewis Carroll. *La chasse au Snark*

II. DROITES ET PLANS

2.1.3. Position relative de deux droites

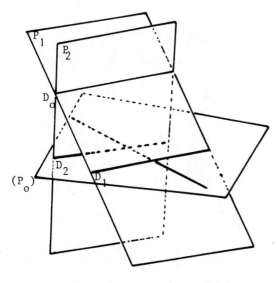

Soit D_o une droite et P_o un plan parallèle à D_o. Les plans P_i contenant D_o coupent P_o suivant D_i.

. Soient P_1 et P_2 deux tels plans distincts. Alors $D_1 \neq D_2$ (sinon les plans ayant deux droites communes seraient confondus).

Supposons que M appartienne à D_1 et à D_2. M n'appartient pas à D_o qui est parallèle à P_o.

Alors P_1 et P_2 ont en commun la droite D_o et le point M qui n'est pas sur D_o : ils sont confondus ; c'est contraire aux hypothèses. Donc M n'existe pas, et les D_i sont parallèles.

. Soit D' une droite de P_o qui ne soit pas parallèle aux D_i.

Supposons qu'il existe un plan P' contenant D' et D_o. Alors P' coupe P_o (puisqu'il à D' en commun avec P_o) suivant une droi- te parallèle aux D_i : c'est absurde car deux plans se coupent suivant une droite et une seule. Donc il existe des couples de droites telles qu'aucun plan ne les contient toutes deux.

2.1.4. Exercices

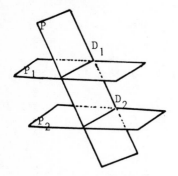

a) <u>un plan coupe deux plans parallèles en deux droites parallèles.</u>

D_1 et D_2 sont coplanaires (dans le plan P). Elles ne se coupent pas puisque P_1 et P_2 sont parallèles.

Donc elles sont parallèles.

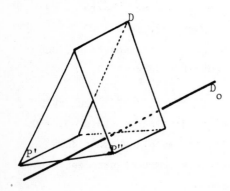

b) <u>une droite parallèle à deux plans est parallèle à leur intersection.</u>

D et D_o ne se coupent pas, puis- que D_o est parallèle à P' et P''.

Il suffit donc de montrer qu'il existe un plan P contenant D et D_o.

Soit P_o un plan non parallèle à P' et P'', contenant D_o. P_o coupe P' et P'' suivant D' et D'', qui sont parallèles à D_o.

. si P_o contient D ... alors c'est fini

. si P_o ne contient pas D, alors D est parallèles à P_o.

. Soit M_o un point de D_o. Le plan P contenant D et M_o coupe P_o suivant une droite D'_o qui passe par M_o et qui est parallèle à D' et D'' : c'est-à-dire suivant D_o. On a bien trouvé un plan qui contient à la fois D et D_o... Elles sont parallèles.

c) <u>Droites passant par un point et parallèles à un plan</u>

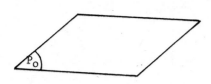

. Si deux plans sont parallèles, toute droite qui coupe 1'un coupe 1'autre.

. Si un plan contient deux droites distinctes parallèles à un plan P_o, il est parallèle à ce plan P_o.

. Soit P la plan déterminé par deux droites passant par M parallès à P_o alors P est parallèle à P_o.

Soit une droite passant par M parallèle à P_o. Si elle n'est pas dans P elle le coupe, donc elle coupe P_o ; absurde.

d) <u>Extension du théorème de Thalès en dimension 3</u>

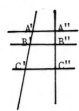

. On connait le théorème de Thalès dans le plan : si trois parallèles sont coupées par 2 sécantes en A' B' C'   A" B" C", alors

$$\frac{A'B'}{A''B''} = \frac{B'C'}{B''C''} = \frac{C'A'}{C''A''} \ .$$

. Nous allons l'appliquer en deux étapes

Traçons par A" le plan (π) contenant Δ'.

Traçons dans (π) la droite Δ passant par A", parallèle à Δ'.

Elle coupe (P), (Q), (R) en trois points A ; B ; C (A = A").

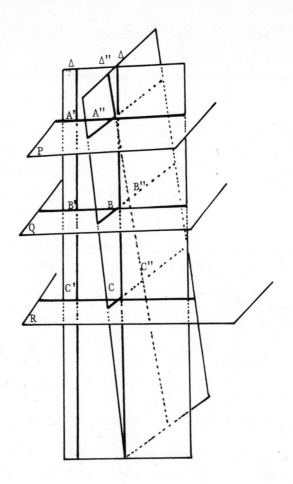

On a donc :

A'B' = AB   B'C' = BC

C'A' = CA

. Soit π' le plan contenant Δ et Δ'.

Dans π' BB" et CC" sont parallèles et A = A".

donc $\dfrac{AB}{A''B''} = \dfrac{BC}{B''C''} = \dfrac{CA}{C''A''}$.

C.Q.F.D.

2.2. ANGLES ET ORTHOGONALITE

2.2.2. Droite et plan

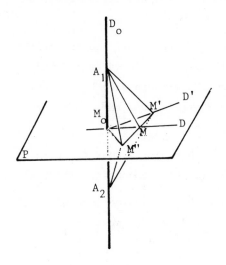

a) <u>Droite orthogonale à un plan</u>

. Soit D_o coupant le plan P en M_o et perpendiculaires à deux droites D et D' de P (passant par M_o). Montrons que D_o est orthogonale à toute droite D de P.

. Si la droite considérée ne passe par par M_o il suffit de montrer que D_o est perpendiculaire à la parallèle à D en M_o.

. Soit donc une droite D passant par M_o. Montrons que D_o et D sont orthogonales.

Soient A_1 et A_2 deux points de D_o symétriques par rapport à M_o.

Soient M ; M': M'' trois points alignés, respectivement sur D ; D' ; D''.

Alors triangle A_1M_oM' = triangle $A_2M_oM' \Rightarrow A_1M' = A_2M'$ ⎫
de même $A_1M'' = A_2M''$ ⎭

donc tr. $A_1M'M''$ = tr. $A_2M'M''$

donc $\widehat{A_1M'M''}$ = $\widehat{A_2M'M''}$

donc tr. $A_1M'M$ = tr. $A_2M'M$

donc $MA_1 = MA_2$.

. Plaçons nous dans le plan de la droite D_o et D.
M et M_o sont tous deux à égales distances de A_1A_2.

Donc D est la médiatrice de A_1A_2. Donc D est perpendiculaire
à la droite D_o.   C.Q.F.D

b) <u>droite oblique</u>

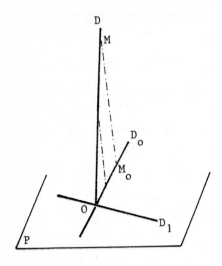

Soit D une droite qui coupe un plan P en O.

. Soit M un point q.q. On montre facilement que ce point admet une projection orthogonale M_o unique dans P (telle que MM_o soit orthogonale à P).

. Si l'on projette tous les points d'une droite D, on obtient une droite.

. Soit D_1 la droite perpendiculaire à D_o dans P_1 passant par O.

Alors D est perpendiculaire à D_1.

. Les angles des droites de P avec D varient d'une valeur minimale $\alpha_o = (D, D_o)$ à une valeur maximale $\frac{\pi}{2} = (D, D_1)$ modulo π ; α_o s'appelle angle de D et de P.

On remarque que D est orthogonale à une droite de P sans lui être orthogonale.

2.2.3. <u>Angles de deux droites</u>

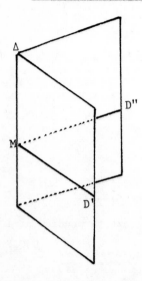

a) . Soit π' et π'' deux plans qui se coupent suivant une droite Δ.

Un plan perpendiculaire à Δ coupe π' et π'' suivant MD' et MD''. Quel que soit le point M où ce plan coupe Δ, l'angle (MD', MD'') est constant. On l'appelle angle de π' et π''.

. Soit D une droite et A un point.

Soit AM la droite passant par A et perpendiculaire à D (unique si A n'est pas sur D).

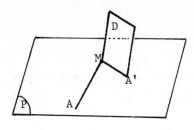

Soit π un plan qq. contenant D. Soit MA' la droite de ce plan passant par M perpendiculaire à D.

. Alors le plan P(MAA') contient deux droites perpendiculaires à D, il est perpendiculaire à D.

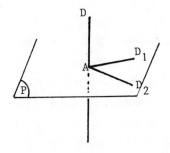

b) <u>Mener par un point un plan orthogonal à une droite donnée.</u>

. Si le point A est sur D, dans deux plans qq. P_1 et P_2 passant par D, on trace les perpendiculaires D_1 et D_2 à D passant par A.

Le plan de D_1 ; D_2 est orthogonal à D, passe par A, et est unique.

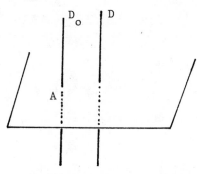

. si le point A n'est pas sur D, on peut tracer par A, dans le plan déterminé par D et A, la parallèle D_0 à D.

Chercher un plan orthogonal à D est équivalent à chercher un plan orthogonal à D_0, problème que l'on sait résoudre.

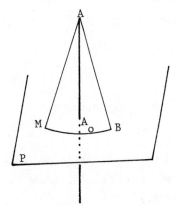

c) Soit A_0 la projection de A sur P. Alors MA = BA $\Rightarrow$ $MA_0 = BA_0$. M appartient au cercle de centre A_0, de rayon A_0B. On peut aussi dire que ce cercle est l'intersection de P avec un cône de sommet A, de génératrice AA_0 orthogonale à P.

2.2.4. Perpendiculaire commune à 2 droites

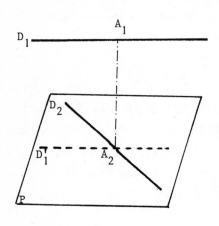

. Il existe un plan unique passant par D_2 et parallèle à D_1?

Soit M un point de D_2 ; on considère le plan (M, D_1).

* Si ce plan contient D_2, alors ou bien D_1 et D_2 sont parallèles, et toute perpendiculaire à l'une est perpendiculaire à l'autre, ou bien D_1 et D_2 sont concourantes, et elles n'admettent pas de perpendiculaire commune.

* Si ce plan ne contient pas D_2, alors il y existe une droite Δ unique parallèle à D_1 passant par M. Il est facile de montrer que quand M varie sur D, les droites Δ forment le plan cherché. Soit P ce plan.

On se place désormais dans la deuxième éventualité.

. On sait définir la projection orthogonale D'_1 de D_1 sur P.

Cette droite coupe D_2 en A_2, car si elle était parallèle à D_2, on serait dans le cas précédent.

. D'_1 et D_1 sont parallèles, donc coplanaires, et par conséquent la perpendiculaire à P en A_2, qui coupe D'_1 en A_2 coupe D_2 en A_1.

A_1A_2 est par construction perpendiculaire à D_1 et D_2.

. A_1A_2 est une solution unique :

Toute droite orthogonale à la fois à D_1 et D_2 sera orthogonale à D'_1 et D'_2 , donc parallèle à A_1A_2.

Soit donc une droite Δ parallèle à A_1A_2 qui coupe par exemple D_2 en A'_2. D_1 coupe le plan déterminé par Δ et A_1A_2 en A_1, donc Δ n'est pas sécante à D_1, et ne répond pas au problème.

C.Q.F.D.

2.2.5. <u>Théorème des trois perpendiculaires</u>

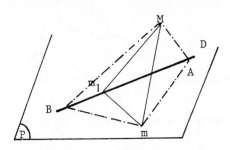

Soient A et B deux points de D
tels que $m_1A = m_1B$, et par conséquent
$mA = mB$.

Alors les deux triangles rectangles
MmA et MmB sont égaux (deux côtés
égaux), donc MA = MB.

MA = MB et $m_1A = m_1B$: m_1M est la médiatrice de AB, donc m_1M
est perpendiculaire à AB.

On a donc 3 perpendiculaires :

$\begin{cases} M_m \text{ perpendiculaire à } mm_1 \text{ (et à D)} \\ mm_1 \text{ perpendiculaire à D} \\ D \text{ perpendiculaire à } m_1M. \end{cases}$

On voit que cela n'implique pas par exemple D parallèle à M_m,
comme cela aurait été le cas dans le plan.

★ Pour ce qui est de l'orthogonalité, il faut se garder de transporter à l'espace les propriétés du plan.★

2.2.6. <u>L'escalier impossible</u>

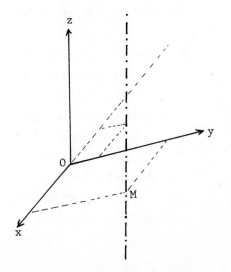

. Outre les "illusions d'optique"
(droites qui semblent parallèles sans
l'être ; marches qui semblent de la même hauteur ...), les "absurdités" gra-
phiques d'Escher peuvent trouver une
explication dans les modes de représentation.

. Si l'on choisit un mode de représentation avec coordonnées et projections
(cf. introduction), un point
$M_0(x_0, y_0, z_0)$ se construit de la façon

suivante :

- Porter sur Ox et Oy les points X_o et Y_o :

$$\overline{OX}_o = x_o \qquad \overline{OY}_o = y_o$$

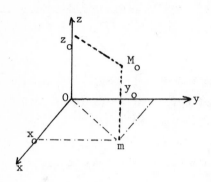

- Construire le parallélogramme ayant pour côtés OX_o et OY_o, de quatrième sommet m.

- tracer par m l'axe parallèle à Oz.

- le point $M_o(x_o, y_o, z_o)$ est tel que :

$$\overline{mM}_o = z_o$$

. Avec ces conventions, le point M de la 1ère figure peut être considéré comme de coordonnées (1,1,0) ou de coordonnées (-1;0,4;1,3) par exemple ... Il n'y a plus unicité : un point du plan peut représenter plusieurs points de l'espace. Suivant le point de vue, ce point M est sur le plan xoy de notre côté par rapport à yoz, ou par exemple, en dessous de xoy et du côté opposé à nous par rapport à yoz ! ...

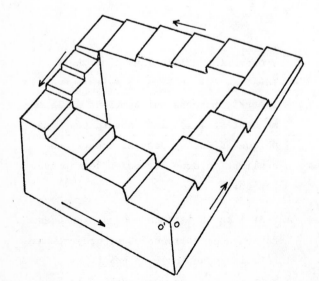

Ainsi dans l'escalier d'Escher, (abstraction faite d'autre illusions) si l'on part du point O dans le sens des flèches et en considérant que l'on "descend", on aboutit, à l'issue du quatrième côté, à un point O', qui a la même représentation graphique que O, et qui pourtant est beaucoup plus "bas" !

III. THEOREME DE DESARGUES

(AA' ; BB' ; CC' concourantes en 0) $\iff$ (α;β;γ alignés)

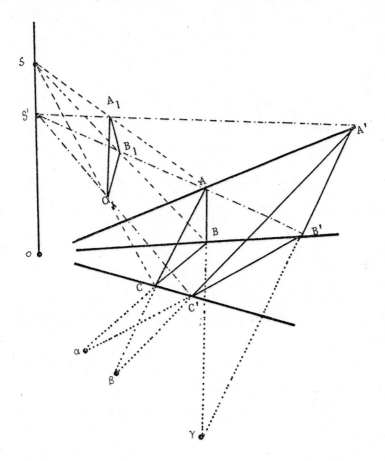

1) <u>Supposons que AA' ; BB' ; CC' soient concourantes en 0.</u>

On va montrer que α,β,γ qui appartiennent au plan P, appartiennent aussi à un autre plan P_1 (distinct de P), donc sont alignés sur $P \cap P_1$.

On supposera que les 6 points A ; A' ; B ; B'; C ; C' sont distincts.

a) <u>Construction</u>

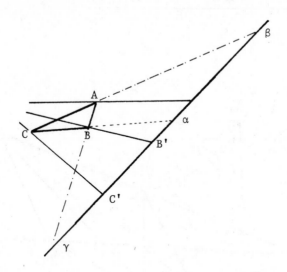

. Si A'; B'; C' sont alignés, alors $\alpha;\beta;\gamma$ sont alignés sur la droite A'B'C'. On supposera donc que ni A';B';C', ni A;B;C ne sont alignés.

. Soit Δ une droite issue de O non inclue dans P, et sur Δ deux points S et S' distincts et distincts de O.

. Les droites SS' et AA' se coupent en O, donc SA et S'A' sont coplanaires.

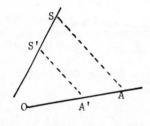

A,A' et S étant fixés, il existe un point S'_1 unique tel que SA et S'_1A' soient parallèles. De même il existe un point S'_2 et un point S'_3 uniques tels que SB et S'_2B' ; SC et S'_3C' soient parallèles. On choisira S' distinct de S'_1 ; S'_2 ; S'_3.

On peut donc poser :

$\{A_1\}$ = SA$\cap$S'A' $\{B_1\}$ = SB$\cap$S'B' $\{C_1\}$ = SC$\cap$S'C'.

. Soit P_1 le plan de A_1 ; B_1 ; C_1. Ce plan est parfaitement déterminé : $A_1 B_1 C_1$ ne sont pas alignés car, si ils l'étaient, A';B';C' seraient alignés sur l'intersection de P et du plan S' ; $A_1 B_1 C_1$. Ce plan est distinct de P, puisque ni A_1, ni B_1, ni C_1 n'appartiennent à P (SA coupe P en A et n'est pas dans P puisque S n'est pas en O, donc A_1 n'est pas dans P...)..

Par conséquent P_1 coupe P suivant une droite.

b) <u>Et alors</u> ...

. α est l'intersection de BC et B'C', donc α est l'intersection des plans SBC et S'B'C', donc α est sur $B_1 C_1$, donc α est dans P_1, et il était aussi dans P.

De même sont β et γ.

★ α,β,γ sont alignés sur $P \cap P_1$. ★   C.Q.F.D.

2) <u>Supposons que α;β;γ soient alignés</u>

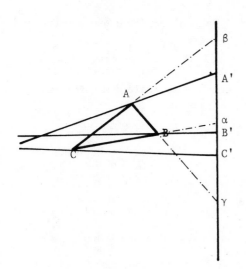

a) <u>Si A';B';C' sont alignés</u>

Alors le théorème est faux, comme le montre la figure ci-contre.

On supposera donc que, ni A;B;C, ni A';B';C' ne sont alignés, ce qui revient à supposer que les 6 droites AB;BC;CA;A'B';B'C';C'A' sont distinctes, comme on avait supposé que les 6 points A;B;C;A';B';C' l'étaient.

b) <u>Supposons que AA' et BB'   se coupent en O</u>

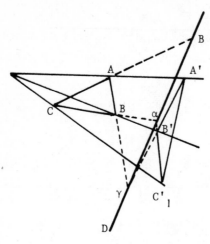

(ou à l'infini si les droites sont
parallèles) et que α,β,γ soient
alignés sur une droite D.

Soit $\{C_1'\} = A'C' \cap OC$

$$\left[\begin{array}{l} \text{OC est la parallèle à AA'} \\ \text{passant par C dans le cas} \\ \text{où AA' est parallèle à BB'.} \end{array}\right]$$

Alors les 6 points $A;A';B;B';C;C_1'$
vérifient les conditions du théorème ci-dessus, et donc déterminent

trois points $\alpha_1;\beta_1;\gamma_1$ qui sont alignés sur une droite D_1.

$\{\gamma\} = AB \cap A'B' = \{\gamma_1\}$ est indépendant de C_1' ou C'.

$$\left.\begin{array}{l} \{\beta\} = AC \cap A'C' \\[2em] \{\beta_1\} = AC \cap A'C_1' \end{array}\right\}$$ les droites A'C' et $A'C_1'$ étant par construction confondues, on a : $\beta = \beta_1$.

Donc la droite D - qui contient β et γ - est égale à la droite
D_1 - qui contient β_1 et γ_1 -

Mais

$$\left.\begin{array}{l} \{\alpha\} = BC \cap B'C' = BC \cap D \\[1em] \{\alpha_1\} = BC \cap B'C_1' = BC \cap D_1 \end{array}\right\} \Longrightarrow \alpha = \alpha_1$$

Donc C' et C_1', qui sont tous deux à la fois sur $BA' = B_1A'$ et
sur $\alpha\beta' = \alpha_1B'$, sont confondus.

Et donc (par construction de C_1') AA' ; BB' ; CC' sont concourantes (ou parallèles).

(Voir dernier cas de figure au dos).

Théorème de Desargues.

Cas où   AA' || BB' || CC'.

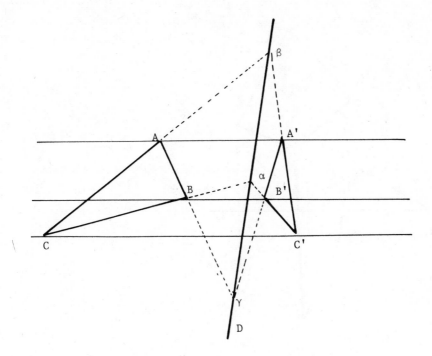

IV. QUELQUES SOLIDES SIMPLES

Polyèdre convexe

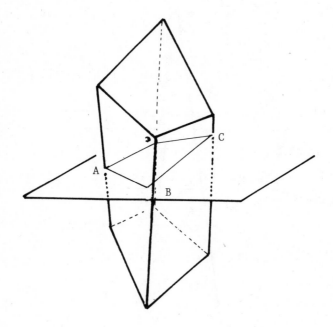

Un plan qui coupe un polyèdre convexe le coupe nécessairement suivant un polygone convexe.

(Si la droite AD recoupait le quadrilatère ABCD – il recouperait ici BC – alors la face contenant AD recouperait la face contenant BC, ce qui est impossible ...).

Par conséquent si une droite coupe un polyèdre convexe, tout plan contenant cette droite coupe le polyèdre suivant un polygone convexe, qui a avec la droite donnée le même nombre de points d'intersection qu'avec la surface du polyèdre ...

4.1. LES PRISMES

4.1.2. Parallélépipède

(le résultat n'est vrai que si le plan coupe le parallélépipède suivant des faces respectivement opposées).

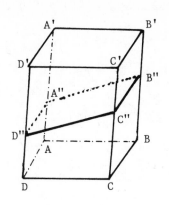

. Un plan qui coupe le parallélépipède le coupe suivant A"D" et B"C", qui sont parallèles - coplanaires et dans deux plans parallèles - et A"B" et C"D" également parallèles, soit suivant un parallélogramme.

. A'C'CA ; B'D'DB ; A'B'CD sont des parallélogrammes. Donc leurs diagonales se coupent en leur milieu (A'C et AC' ; B'D et BD' ; A'C et B'D) donc les quatre diagonales du parallélépipède se coupent en leur milieu.

. Les quatre diagonales d'un cube ne peuvent être orthogonales deux à deux;

Supposons qu'elles le soient (elles sont concourantes en O).

On a par exemple A'C et AC' orthogonales en O.

B'D est orthogonale à A'C et AC', donc au plan A'C AC'.

BD' est orthogonale à A'C et AC', donc au plan A'C AC'

et BD' et B'D passent toutes deux par O : elles sont confondues ... absurde, et donc aucune des diagonales ne sont pas orthogonales (symétrie du cube).

4.1.5. Volumes

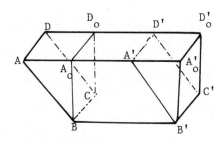

Le parallélépipède ABCDA'B'C'D' peut être découpé et reconstruit en un parallélépipède droit de même volume $A_o BCD_o A'_o B'C'D'_o$.

Son volume est donc le produit de la base par la hauteur.

Donc, d'une façon triviale, le volume de tout prisme est égal au produit de la surface de la base par la hauteur.

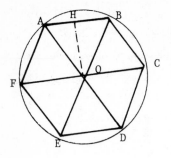

bassin hexagonal :

$$S = 6 \times \frac{1}{2} AB \times OH = \frac{3\sqrt{3}}{2} \qquad \text{(en m}^2\text{)}$$

$$\text{d'où} \quad V = \frac{3\sqrt{3}}{2} \times \frac{3}{4} = \frac{9\sqrt{3}}{8} \qquad \text{(en m}^3\text{)}$$

4.2. LES PYRAMIDES

4.2.2.

On va calculer directement *le volume d'une pyramide* triangulaire le résultat s'appliquera à toute pyramide : on peut toujours la décomposer en pyramides à base triangulaire.

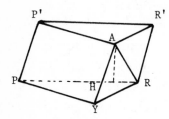

. Soit la pyramide PYRA, de base PYR et de hauteur AH.

On construit un prisme à partir de PYRA : PP' et RR' sont construits parallèles et égaux à YA.

Le volume du prisme PYRR'AP' est bh, où b est la surface de PYR (base) et h la longueur de AH.

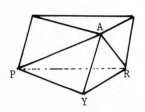
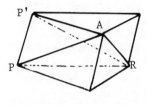
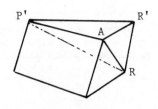

. On voit qu'on peut décomposer le prisme en trois pyramides PYRA ; PRAP' ; P'R'AR ; de volumes égaux, donc le volume cherché est $\frac{1}{3}$ bh.

donc

> Le volume d'une pyramide est égal à $\frac{bh}{3}$ où b
> est la surface de la base et h la hauteur

4.2.3. Exercices

a)

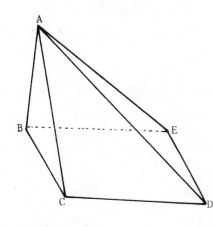

. tous les triangles sont rectangles.

. l'arête AB est orthogonale à la base BCDE car

$$12^2+(16^2+9^2) = 16^2+(9^2+12^2)$$

. Surface latérale ?

$$S = 16\times9 + \frac{1}{2}\ (9\times12+16\times\sqrt{12^2+9^2})$$
$$+ \frac{1}{2}\ (16\times12+9\times\sqrt{16^2+12^2})$$

$$S = 504.$$

. Volume ?

$$N = \frac{1}{3}\ .\ S.AB = \frac{1}{3}\ .\ 504.12 = 2016.$$

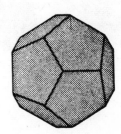

Extrait de : A.M.C.

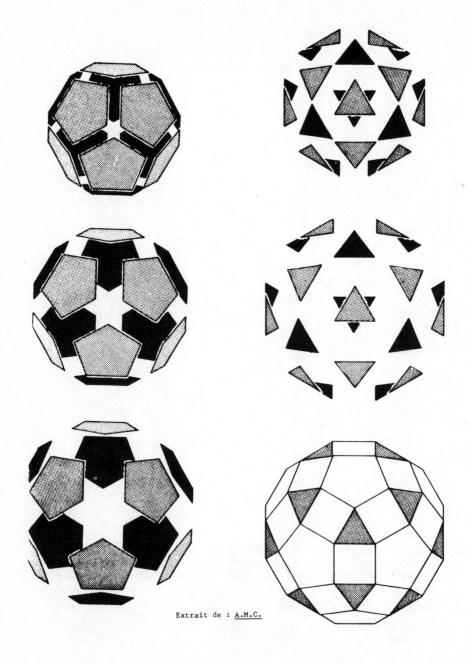

Extrait de : <u>A.M.C.</u>

LES CONIQUES

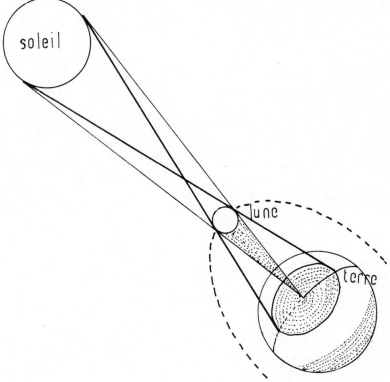

C'est un des rêves depuis longtemps dorlotés par le signataire de ces lignes que de rendre un jour obligatoire la protection du livre contre tout risque de lecture, tâche à laquelle s'emploient déjà diligemment les écrivains eux-mêmes.

Boris Vian

INTRODUCTION

Avec les éléments d'Euclide et les écrits d'Archimède, le traité
des sections coniques d'Appolonios de Perge (troisième siècle avant J.C.)
forme une partie essentielle de l'héritage mathématique grec. Déjà à
cette époque, Appolonios (ou aussi Apollonus, ou Apollonius) présente
une synthèse des travaux antérieurs développés dans l'école mathématique
d'Alexandrie. Ainsi il introduit une définition unifiée des coniques, comme
sections d'un cône et de plans, et en examine les propriétés affines et
métriques, liées aux diamètres, axes, centres, asymptotes. Quoique l'étude
des coniques restera l'un des domaines de prédilection des mathématiciens,
les développements ultérieurs de ce type de propriétés ne présenteront plus
guère d'éléments nouveaux, "mis à part la prolixité des explications due
souvent à l'absence de notations" (F. Russo). En effet, pour les géomètres
grecs, l'algèbre était géométrique : tout s'exprimait en termes de longueur,
aires ... C'est seulement au onzième siècle, en étudiant les intersections
de coniques par les équations cubiques, que le poète, mathématicien et as-
tronome persan, Umar Khayyâm, laisse entrevoir pour l'algèbre la possibilité
de se développer en science autonome, indépendante de la géométrie. Ce ne
sera qu'au quinzième siècle, chez les Arabes, qu'apparaîtra avec Al-qualsādē
l'écriture symbolique soulignant l'insuffisance des méthodes géométriques
pures.

Nantis des systèmes de notations plus élaborés et des débuts de
l'outil algébrique, les géomètres du dix-septième siècle furent souvent à
même de prolonger l'étude des coniques, soit en en donnant les équations
algébriques (Descartes), soit en en faisant une étude projective (Pascal ;
Desargues). Il s'agit dès lors de ne considérer dans les coniques que les
propriétés liées aux projections : cette approche est emminement féconde
puisqu'elle permet l'étude de géométries par les groupes de transformations.
Les prolongements de cette géométrie projective seront d'une part les espaces
projectifs à n dimensions, qui débouchent sur l'algèbre linéaire, d'autre
part la géométrie algébrique dont l'objet est l'étude des propriétés géométriques des courbes et des surfaces par des méthodes non seulement géométriques et algébriques, mais faisant aussi appel à l'analyse, à la topologie et
à l'arithmétique : on touche ici à deux branches fondamentales des mathématiques actuelles.

I. TRAJECTOIRES

En analysant le mouvement des corps célestes - en particulier le mouvement des palnètes autour du soleil - Newton a émis l'hypothèse que les corps s'attirent mutuellement suivant une force inversement proportionnelle au carré de leur distance $(F = k \dfrac{mm'}{d^2})$. En écrivant l'équation d'équilibre des forces de gravitation qui agissent sur un corps -   particule en présence d'une autre particule, planète en présence du soleil - on aboutit à une équation différentielle donnant la trajectoire envisagée et à la formule :

. la particule est repérée par (r, θ)

. e et p   sont des quantités positives

$$r = \frac{p}{1 + e \cos \theta}$$

Traçons les trajectoires relatives à cette formule.

leur allure va varier considérablement avec la valeur de   e.
En effet :

. si   e < 1   alors   (1 + e cos θ)   ne s'annule jamais :
   la courbe est finie

. si   e > 1, (1 + e cos θ)   peut s'annuler :
   la courbe est infinie.

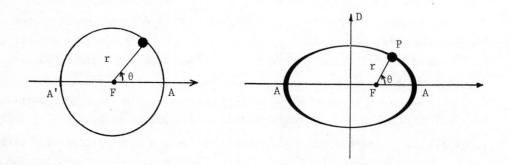

cas e = 0   cas 0 < e < 1

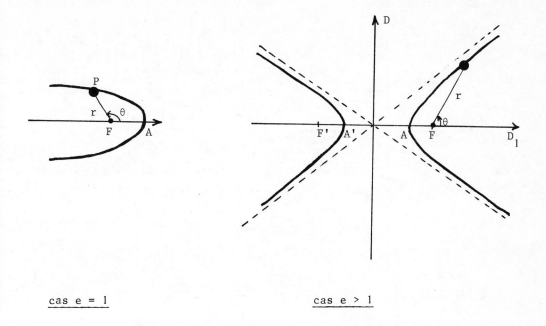

cas e = 1   cas e > 1

Ces courbes avaient été étudiées très systématiquement dès l'Antiquité.
On les appelle des *coniques*, ici *cercle*, *ellipse*, *parabole*, *hyperbole* (nous
verrons plus tard que la famille des coniques comprend aussi des droites,
mais qui ne répondent pas à l'équation polaire ci-dessus).

II. PREMIERES DEFINITIONS

Nous verrons plus loin, avec leurs avantages et leurs inconvénients,
quelques unes parmi les multiples définitions possibles des coniques.

Contentons nous ici d'en donner deux ou trois aspects partiels qui
nous seront utiles ensuite.

Définition 2.1

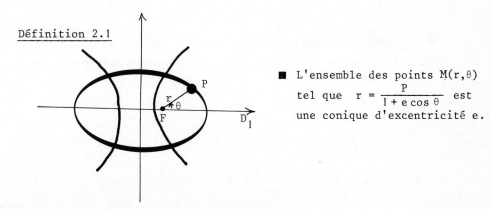

■ L'ensemble des points $M(r,\theta)$
tel que $r = \dfrac{P}{1 + e\cos\theta}$ est
une conique d'excentricité e.

Définition 2.2.

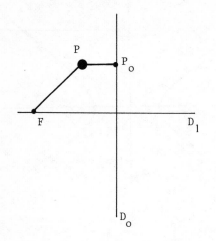

Soit F un point et D_o une droite ; on notera P_o la projection d'un point P quelconque sur D_o.

L'ensemble $\mathcal{C}(F, D_o, e) = \{P/PF = ePP_o\}$ est appelé conique d'excentricité e.

Définition 2.3

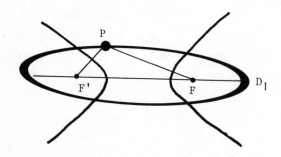

Soit F et F' deux points et a un nombre réel positif.

Les ensembles
$\mathcal{E}(F, F', a) = \{P/PF + PF' = 2a\}$ et
$\mathcal{H}(F, F', a) = \{P/|PF - PF'| = 2a\}$
sont appelés coniques de foyers F ; F' et d'axe 2a. ∎

∎ Exercice 2.4

Examinez les implications existant entre deux des définitions (au choix). ∎

★ On pourra - en première lecture - admettre une quasi-équivalence des définitions, pour revenir sur cet exercice au moment du 4. ★

III. QUELQUES PROPRIETES DE L'ELLIPSE L'HYPERBOLE

3.1   Eléments remarquables

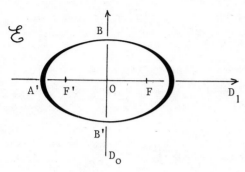

■ . Soient F et F' deux points et a
un réel (cf. figure).

On pose :

$\mathcal{E}$ = {P/PF + PF' = 2a}	*ellipse*
$\mathcal{H}$ = {P/|PF − PF'| = 2a}	*hyperbole*

. F et F' s'appellent *les foyers*
on pose   FF' = 2c : c'est *la distance
focale*.

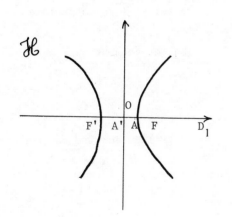

3.1.1 Vérifier que
dans le cas de l'ellipse :

$$c < a \ (\Longleftrightarrow e = \frac{c}{a} < 1)$$

dans le cas de l'hyperbole :

$$c > a \ (\Longleftrightarrow e = \frac{c}{a} > 1)$$

. Soient D_1 la droite FF' et D_0 la
médiatrice de FF' qui coupe D_0 en O

O s'appelle *le centre*, D_1 et D_0
l'axe focal et l'axe non focal.

■

3.1.2
       Vérifier que D_0 et D_1 sont axes de symétrie et que O est centre
de symétrie.

       . Les points A et A' (où la conique coupe D_1) sont les *sommets*.

3.1.3
       Vérifier que OA = OA' = a.

3.1.4

Soient B et B' les points où l'ellipse coupe D_o. Montrer que
OB = OB' = b   avec $b^2 = a^2 - c^2$.

3.1.5

Montrer que l'ellipse et l'hyperbole partagent le plan en trois régions :

$$|PF \pm PF'| < 2a \qquad |PF \pm PF'| > 2a \qquad |PF \pm PF'| = 2a$$

3.2   Construction par points

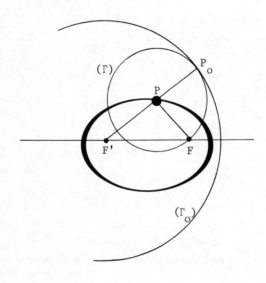

3.2.1

a) Montrer que *l'ellipse*
$\mathcal{E}$ = {P/PF + PF' = 2a}
est l'ensemble de centres P des
cercles (Γ), tangents au cercle
(Γ_o) de centre F' et de rayon
2a, et passant par le point F.

b) Vérifier que le cercle est
un cas particulier d'ellipse.

c) En déduire une construction
de $\mathcal{E}$ à l'aide de (Γ_o).

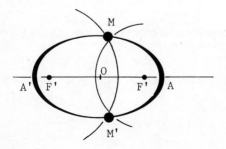

3.2.2

a) On peut construire l'ellipse
par point en choisissant M (et M')
à l'intersection du cercle de centre
F' de rayon r et du cercle de
centre F de rayon r' = 2a-r.
Discuter de la possibilité de la
construction.

b) On cite généralement les jardiniers qui tracent leurs massifs
en forme d'ellipse en attachant une ficelle (de longueur 2a) à deux clous
F et F'.

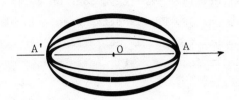

3.2.3

a) Etudier les ellipses de sommets A
et A' fixes, et d'excentricité variable e.

b) Etudier les ellipses de foyers F ;
F' fixes, et d'excentricité variable e.

3.2.4.

a) Montrer que l'hyperbole

$$\mathcal{H} = \{P/\,|PF - PF'| = 2a\}$$

est l'ensemble des centres P des
cercles (Γ), tangents à un cercle
(Γ_0) fixe de centre F' et de rayon
2a, et passant par le point F.

b) Retrouver, en fonction de la position
de (Γ) par rapport à (Γ_0) , les deux
branches de l'hyperbole.

c) En déduire la construction de $\mathcal{H}$
à l'aide de (Γ_0).

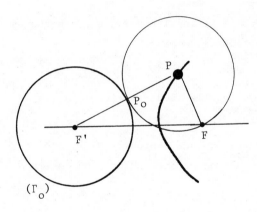

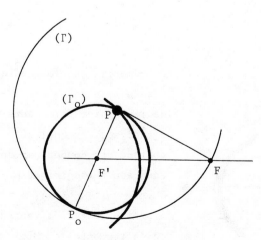

3.2.5

a) Trouver une méthode de construction de $\mathcal{H}$ en s'inspirant de 3.2.2.

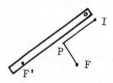

b) Pour tracer une hyperbole, on peut aussi utiliser une règle dont un côté passe par F. Un fil attaché en F' et en un point fixe I de la règle est tendu de telle façon que PI reste plaqué contre la règle.

3.2.6

Dans la définition 2.2., une conique est considérée comme

$$\{P/PF = ePP_o\} = \mathcal{C}(F \; ; \; D_o \; ; \; e)$$

D_o s'appelle la directrice relative au foyer F.

Montrer qu'une conique $\mathcal{C}(F, D_o, e)$, définie à l'aide de F et D_o, peut également l'être grâce à une autre droite D'_o et un autre point F'

$$\mathcal{C}(F, D_o, e) = \mathcal{C}(F', D'_o, e').$$

3.3 | Tangentes |

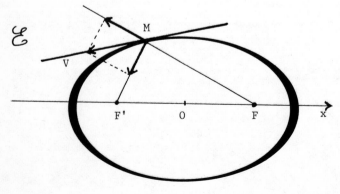

On admettra que les coniques ont des tangentes en chacun de leur point (cf. cours d'Analyse), et que, si la conique est donnée par une équation paramétrique $\overrightarrow{OM}(t) : (x(t) ; y(t))$, alors le vecteur directeur de la tangente en M(t) est donné par

$$\overrightarrow{MV}(t) = \frac{d\overrightarrow{OM}}{dt} \; : \; (x'(t) ; y'(t))$$

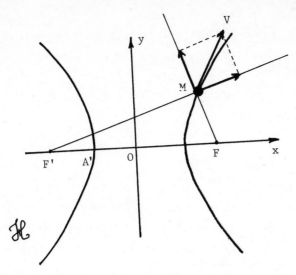

(on remarque que dans la dérivation, le paramétrage intervient comme facteur multiplicatif, et que donc un changement de paramétrage modifierait le module de $\vec{MV}$, par sa direction). Pour l'ellipse et l'hyperbole on a :

$$MF \pm MF' = 2a \qquad \overrightarrow{OM} = \overrightarrow{OF} + \overrightarrow{FM} = \overrightarrow{OF'} + \overrightarrow{F'M}$$

$$\frac{dMF}{dt} \pm \frac{dMF'}{dt} = 0 \qquad \frac{d\overrightarrow{OM}}{dt} = \frac{d\overrightarrow{FM}}{dt} = \frac{d\overrightarrow{F'M}}{dt}$$

quel que soit le paramétrage choisi.

   La tangente MV a sur les droites FM et F'M des projections de mesures égales. *C'est une bissectrices de l'angle des droites MF et MF'* (bissectrice intérieure du triangle MFF' pour l'hyperbole, extérieure pour l'ellipse).

3.3.1 Exercice

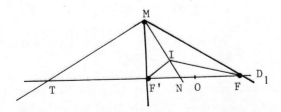

Soit une ellipse $\mathcal{E}$ de centre O , de foyers F et F', et d'excentricité e . On pose $\overline{OF} = c$.

Soit M un point de $\mathcal{E}$, T et N les points où la tangente et la normale en M à l'ellipse coupent D_1 (= FF').

Soit I le centre du cercle inscrit dans le triangle MFF'.

Montrer que $\dfrac{NF'}{MF'} = \dfrac{IN}{IM}$ et que $\overline{ON}.\overline{OT} = c^2$

3.3.2 Exercice
*

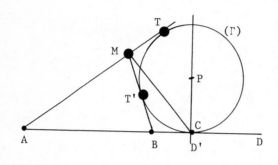

Soit D une droite et A,B,C trois points de D pris dans cet ordre.

On considère un cercle (qq) (Γ) tangent en C à D, de centre P ; de A et B, on mène les tangentes à (Γ) autres que D, soient AT et BT', qui se coupent en M.

a) Montrer qu'à chaque point P de la perpendiculaire D' en P à D correspond un point M unique. On notera M =F(P).

b) Quel est l'ensemble F(D') des points M ?

3.3.3 Exercice

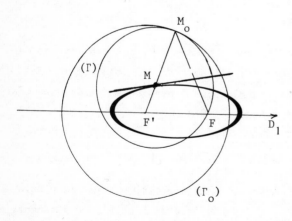

a) Soit $\mathcal{E}$ l'ellipse de foyers F ; F' et de cercle directeur $(Γ_0)$ de centre F' de rayon 2a (cf. exercice 3.2.1). Pour tout point M, soit M_0 le point de contact du cercle (Γ) de centre M de rayon MF avec le cercle $(Γ_0)$. Montrer que la tangente MT est la médiatrice de $M_0 F$.

b) Etudier la propriété équivalente sur l'hyperbole.

* c) Trouver intuitivement et directement cette propriété de la tangente (médiatrice de $M_0 F$) en la considérant comme limite de la droite MM', où M et M' sont des points de l'ellipse, et M' "tend vers M".

3.3.4   Exercice

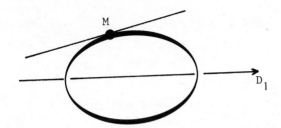

Examiner la position d'une tangente
et de la courbe (la tangente re-
coupe-t-elle la courbe ? ...).

IV. EQUATIONS - DEFINITIONS - CLASSIFICATION

4.1 | A partir de la définition 2.1 |

(Conique comme trajectoire des mas-
ses dans un champ central en $\frac{1}{r}$).
On a trouvé l'équation $r = \dfrac{p}{1+e \cos \theta}$.

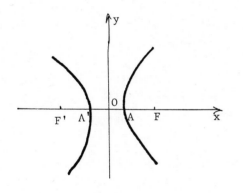

* ■ Montrer que l'équation de la conique, dans le repère orthonormé
(A'xy) (où A' est sommet de la
conique, A'x l'axe focal, 2a l'abscisse de A) est de la forme

| $y^2 = 2px + (e^2-1)x^2$ |

p s'appelle le paramètre de la
conique.   ■

L'équation ci-dessus recouvre évidemment les formes trouvées dans le

1 :

e = 0	$y^2 + (x-p)^2 = p^2$	*cercle*
0<e<1	$y^2 + (1-e^2)x^2 = 2px$	*ellipse*
e = 1	$y^2 = 2px$	*parabole*
1 < e	$y^2 - (e^2-1)x^2 = 2px$	*hyperbole*

4.2 | A partir de la définition 2.2 |

(Conique donnée par un foyer
et une directrice)

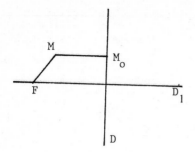

$$\mathscr{C} = \{M/MF = e\,MM_o\}$$

. Si F n'est pas sur D, on
trouve l'ellipse, la parabole,
l'hyperbole pour e<1, e=1 et e>1
respectivement.

. Si F est sur D : $\dfrac{MF}{MM_o}$ = e, soit

$\sin \alpha = \dfrac{1}{e}$ le point appartient à
l'une des *deux droites* qui font
avec D en F un angle α
(confondues en D_1 si e = 1)

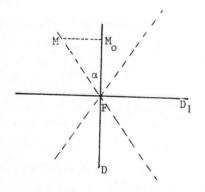

ces deux droites sont aussi dites
"coniques".

. On ne retrouve pas de cercle, ce
qui signifie qu'un cercle ne répond
pas à cette équation.

4.3 | A partir de la définition 2.3 |

■ (Conique comme ensemble des points
M : $|MF \pm MF'| = 2a$).

Montrer que l'équation d'une conique dans le repère orthonormé Oxy
(où O est le milieu de AA', Ox
l'axe focal, a l'abscisse de A
et c l'abscisse de F) est de la
forme   ■

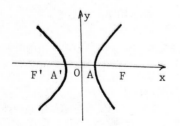

$$\boxed{\dfrac{x^2}{a^2} \pm \dfrac{y^2}{b^2} = 1}$$ avec $b^2 = |c^2 - a^2|$

Que retrouve-t-on de

cercle - ellipse - parabole - hyperbole - droites ?

4.4   A partir d'un cône ou d'un cylindre

On montre aussi - c'est même l'origine de l'appellation - que les
coniques peuvent être considérées comme intersection *d'un cône et d'un
plan* (voir exercice 4.6).

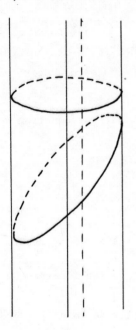

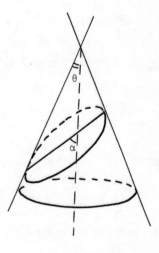

- *cercle - ellipse (α>θ)*
- *deux droites sécantes*
   (les généralités)

- *cercle - ellipse -*
- *deux droites parallèles -*

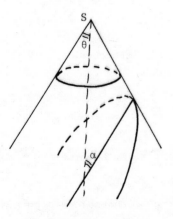

Parabole (α = θ)
Deux droites confondues
         (tangentes)

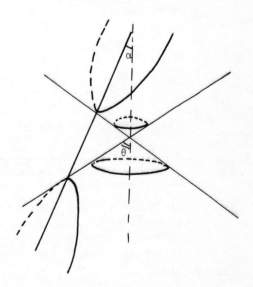

Hyperbole (α < θ)

4.5 Conique ? Courbes du 2^d degré

Il existe une définition plus globale de toutes les coniques, qui permet de retrouver tous les cas que nous avons traités comme cas particuliers.

Dans le plan rapporté à un repère orthonormé $(O\vec{i}\,\vec{j})$, *on appelle conique une courbe du second degré*, c'est-à-dire l'ensemble des points $M(x,y)$ tels que $P(x,y) = 0$ où P est un polynôme du second degré en x et y.

On verra plus tard que la conique est donnée par une équation de la forme

★ $ax^2 + a'y^2 + (a'')^2 + 2by + 2b'x + 2b''xy = 0$

provenant de la matrice $M = \begin{pmatrix} a & b'' & b' \\ b'' & a' & b \\ b' & b & a'' \end{pmatrix}$ d'une forme bilinéaire symétrique, ce qui permet d'exprimer une certaine indépendance vis à vis du repère $(O\vec{i}\,\vec{j})$.

Cette matrice permet de *classifier les coniques* (en fonction du rang de M).

★ coniques vraies — si le rang est 3 : ★hyperbole ★ellipse★ (dont le cercle et le point)

★parabole★

★ coniques dégénérées — si le rang est 2 : ★deux droites distinctes★
si le rang est 1 : ★une droite★

4.6 Exercice : cône et coniques

On se place dans l'espace rapporté à un repère orthonormé $(O\,\vec{i}\,\vec{j}\,\vec{k})$.

Soit S le point de coordonnées $(0,0,\rho)$ où $\rho > 0$.

On appelle cône de sommet S et de base c l'ensemble des points M de E tels que
$M = S$
ou MS est aligné avec un point N de c

On désignera ce cône par Γ.

a) Donner une représentation paramétrique de Γ en choisissant comme paramètre $\varphi = (\overrightarrow{Ox}, \overrightarrow{ON})$ et le nombre λ tel que : $\overline{SM} = \lambda\overline{SN}$.

b) Soit $x = f(\varphi, \lambda)$ $y = g(\varphi, \lambda)$ $s = h(\varphi, \lambda)$ cette représentation paramétrique.

Quelle est la nature de la courbe ?

$$\begin{cases} x = f(\varphi, \lambda_o) \\ y = g(\varphi, \lambda_o) \quad \text{où} \quad \varphi \in [0, 2\pi[\quad \text{et} \quad \lambda_o \text{ est un réel fixe} \\ z = h(\varphi, \lambda_o) \end{cases}$$

Même question en fixant φ et en prenant $\lambda \in \mathbb{R}$.

c) Donner une équation cartésienne de Γ.

d) A quelles conditions l'équation cartésienne $ax + by + cz + d = 0$ est-elle l'équation d'un plan P contenant la droite Ox ?

e) Soit P un plan contenant Ox ; soit $\vec{j}$ un vecteur unitaire de P orthogonal à $\vec{i}$.

Trouver, dans le repère $(O \, \vec{i} \, \vec{j})$ l'équation cartésienne $F(X ; Y) = 0$ de l'intersection de P et de Γ.

Discuter suivant les valeurs de ℓ, R, b et c de la nature de la courbe.

INDICATIONS POUR LA CORRECTION

*L'espace fond comme le sable coule entre les
doigts. Le temps l'emporte et ne m'en laisse
que des lambeaux informes.*

G. Perec - *Espèces d'espaces* -

2.   PREMIERES DEFINITIONS

> Définition 2.2 et 2.1

Soit $\mathcal{C}(F,D_o,e)$ une conique définie comme en 2.2 par F,D_o et e.
Montrons qu'elle admet, dans un repère polaire choisi, une équation du
type 2.1.

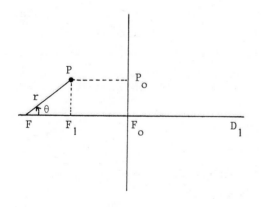

Soit D_1 la droite passant par F
perpendiculaire à D_o qui coupe D_o
en F_o. On oriente D_1 de telle
sorte que $\overline{FF_o}$ soit positif et on
pose $d = \overline{FF_o}$; (F,D_1) constitue un
repère en polaire.

Tout point $P(r,\theta)$ se projette en P_o
sur D_o et P_1 sur D_1.

a) Si $P \in \mathcal{C}(F,D_o,e)$ alors $PF = ePP_o$

et $\overline{FF_o} = \overline{FP_1} + \overline{P_1F_o}$.

$$d = r \cos \theta + \frac{r}{e} \quad \text{ou} \quad d = r \cos \theta - \frac{r}{e} .$$

Soit $r(1 + e \cos \theta) = ed$ ou $r(-1 + e \cos \theta) = ed$ suivant que P
est du côté de F par rapport à D_o ou non. Mais les deux équations
$r(1 + e \cos \theta) = ed$ et $r(-1 + e \cos \theta) = ed$ sont deux équations d'une même
courbe en polaire (un point M repéré par (r,θ) peut aussi être repéré par
$(-r, \theta+\pi)$) donc $P \in C(F,p,e)$ où $C(F,p,e)$ est une conique définie en 2.1
et $p = ed$.

b) Si $P \in C(F,p,e)$ (définition 2.1).

On définit D_o comme la perpendiculaire à l'axe polaire D_1 le coupant en F_o tel que $\overline{FF_o} = d = \dfrac{p}{e}$ et on retrouve le cas précédent si $e \neq 0$, c'est-à-dire $P \in \mathscr{C}(F,D_o,e)$.

(Si $e = 0$ on ne le retrouve pas : la définition 2.1   aboutit à un cercle, la définition 2.2 au point F).

★   En conclusion : *les définitions 2.1 et 2.2 sont équivalentes si $e \neq 0$.*

Définitions 2.2 et 2.3

Montrons qu'à toute conique 2.2 on peut associer une conique 2.3 et réciproquement.

On va montrer que :

. Pour toute conique $\mathscr{E}(F,F',a)$ "2.2", il existe une droite D_o et un nombre   e   tel que tout point de $\mathscr{E}(F,F',a)$ soit sur $\mathscr{C}(F,D_o,e)$.

. Réciproquement, tout point de $\mathscr{C}(F,D_o,e)$ est sur $\mathscr{E}(F,F',a)$ (F' et a étant définis à partir de F,D_o et e). Pour cela, nous allons d'abord chercher quels peuvent bien être ces éléments : F,D_o,e.

. Avec ces éléments, on démontrera que $\mathscr{E}(F,F',a) \subseteq \mathscr{C}(F,D_o,e)$.

. (et réciproquement).

La démarche précédente, - recherche, élaboration de conditions néces-saires, démonstration -, est courante en mathématiques même si les deux premières phases ne sont pas toujours formulées.

Recherche

. On oriente alors   F'F   de   F'   vers   F,   et on pose $\overline{OF} = - \overline{O'F} = c$.

. Soient   A et A'   les sommets de l'ellipse sur l'axe   F'F   et   B les sommets sur l'axe perpendiculaire.

Supposons que D_o existe, et soient A_o et B_o les projections de A et B   sur D_o.

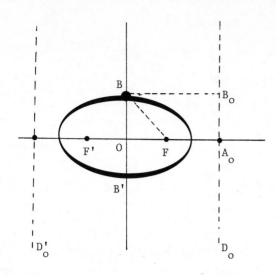

. On a supposé l'ellipse définie comme en 2.3 c'est-à-dire :

$AF + AF' = 2a$ donc $\overline{OA} = a = -\overline{OA}'$

$BF + BF' = 2a$ donc $BF = a$.

. Si on a $\dfrac{BF}{BB_o} = e$, on doit avoir

$BB_o = \dfrac{a}{e}$

et si $\left\{ \begin{array}{l} \dfrac{AF}{AA_o} = e \\[2mm] \text{avec}\ \ AF + AA_o = FA_o = BB_o - c \end{array} \right.$

alors on obtient $\boxed{e = \dfrac{c}{a} \ \text{et}\ BB_o = \dfrac{a^2}{c}}$ ce qui permet donc de définir D_o

$(\overline{OA}_o = \dfrac{a^2}{c}\ )$.

★
★
★ Remarquons qu'une démonstration analogue aurait été possible à gauche
★ de O, et aurait conduit à D'_o avec $OA'_o = -\dfrac{a^2}{c}$. En général une conique
★ admet 2 foyers et 2 directrices équivalentes (ellipse-hyperbole).

<u>Démonstration</u>

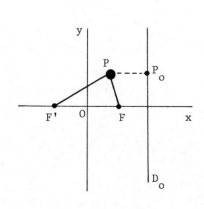

Soit $\mathcal{C}(F,F',a)$ une conique définie comme en 2.3.

Soit D_o et e définie comme ci-dessus.

Montrons que : $\{P \in \mathcal{C}(F,F',a) \Rightarrow P \in \mathcal{C}(F,D_o,e)\}$.

a) Si $P \in \mathcal{C}(F,F',a)$

On rapporte le plan à un repère (cf. ci-dessus et ci-contre). Soient x et y les coordonnées de P ; $(c,0)$ et $(-c,0)$ sont ceux de F et F'; alors

$PF^2 = (x-c)^2 + y^2$ $PF'^2 = (x+c)^2 + y^2$

$$\begin{cases} PF'^2 - PF^2 = 4cx \\ \\ PF + PF' = 2a \end{cases} \Rightarrow \begin{cases} PF = \left| a - \dfrac{cx}{a} \right| \\ \\ PF' = \left| a + \dfrac{cx}{a} \right| \end{cases} \quad \text{et} \quad PP_o = \dfrac{a^2}{c} - x$$

soit $\dfrac{PF}{PP_o} = \dfrac{(a^2 - cx)c}{a(a^2 - cx)} = \dfrac{c}{a} = e$

donc $\bigstar \; P \in \mathcal{C}(F, D_o, e) \; \bigstar$

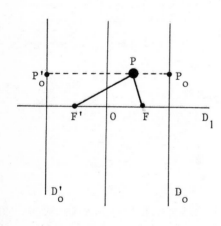

b) Si $P \in \mathcal{C}(F, D_o, e)$

. A partir de (F, D_o, e) on définit les sommets A et A' de l'ellipse (point de la conique sur l'axe D_1). On définit O comme le milieu de $A'A, F'$ et D'_o comme symétriques de F et D_o par rapport à O.

. On a $\dfrac{PF}{PP_o} = e$ et donc $\dfrac{PF'}{PP'_o} = e$ d'où

$PF + PF' = e\,(PP_o + PP'_o) = 2\,ed$

(si d = distance de O à D_o) et donc

$PF + PF' = 2a$ avec $a = ed$

(on vérifie que $a = \overline{OA}$).

Soit $P \in \mathcal{E}(F, F', a)$.

✳ Conclusion

. On a démontré que — pour une ellipse — les définitions 2.2 et 2.3 sont équivalentes (cas $e = \dfrac{c}{a} < 1$).

. On ferait une démonstration analogue pour une hyperbole $(e = \dfrac{e}{a} > 1)$ et pour une parabole $(e = 1)$.

. Le cercle $(e = 0)$ de la définition 2.1 — qu'on ne retrouvait pas en 2.2 — peut être identifié dans la définition 2.3 au cas limite 2.3 où $F = F'$ et $a = R$ (rayon du cercle).

3.   QUELQUES PROPRIETES DE L'ELLIPSE ET DE L'HYPERBOLE

3.1 | Eléments remarquables |

Les vérifications de 3.1.1 à 3.1.4 sont immédiates.

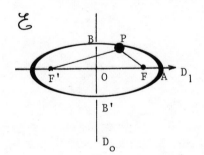

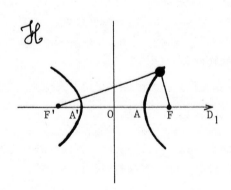

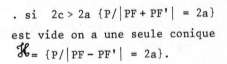

3.1.1

Dans le triangle PFF' on a

$|PF - PF'| \leqslant FF' \leqslant PF + PF'$ avec $FF' = 2c$.

. si $2c < 2a$ $\{P/|PF-PF'| = 2a\}$ est
vide; on a une seule conique
$\mathcal{E} = \{P/PF + PF' = 2a\}$.

. si $2c > 2a$ $\{P/|PF + PF'| = 2a\}$
est vide on a une seule conique
$\mathcal{H} = \{P/|PF - PF'| = 2a\}$.

. le cas limite $c = a$ conduit
- avec cette définition - à tous
les points de l'axe FF'.

3.1.2

. si P_1 et P_2 sont symétriques par rapport à D_1 ,

$P_1F = P_2F$ et $P_1F' = P_2F'$

D_1 est axe de symétrie.

. si P et P' sont symétriques par rapport à D_o ,

$PF = P'F'$ et $PF' = P'F$

D_o est axe de symétrie.

Et donc O est centre de symétrie.

3.1.3

A et A' sont les points tels que

AF + AF' = 2a et AF' = AF + 2OF $\Rightarrow$ OA = OA' = a

ou

AF' – AF = 2a et AF' =–AF + 2OF $\Rightarrow$ OA = OA' = a.

3.1.4 (ellipse)

$$\left.\begin{array}{l} BF + BF' = 2a \\ BF = BF' \end{array}\right\} \quad donc \quad BF = a$$

$OB^2 + OF^2 = BF^2$ donc $OB^2 = b^2 = a^2 - c^2$.

3.1.5 <u>Ellipse et hyperbole partagent le plan en trois régions</u>

a) Ainsi posée, la question frise l'absurde.

En effet, quel que soit le point P du plan, la quantité
PF + PF' existe, et donc est inférieure, égale ou supérieure à 2a. On
peut donc définir dans le plan trois régions par :

Int $(\mathcal{E})$ = {P/PF + PF' < 2a}   (non vide : F $\in$ Int $\mathcal{E}$)

$\mathcal{E}$ = {P/PF + PF' = 2a}   (non vide : A $\in \mathcal{E}$)

Ext $(\mathcal{E})$ = {P/PF + PF' > 2a} $\left(\begin{array}{l} \text{non vide : ... contient le point des} \\ \text{coordonnées (1968 a ; 1978 b) ...} \end{array}\right)$

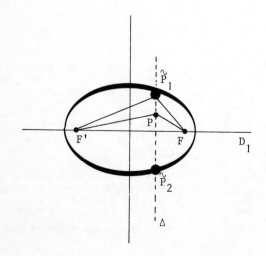

b) Mais - ce qui devient moins
aberrant - c'est de constater que
ces trois régions coïncident avec
une idée intuitive d'intérieur et
d'extérieur.

Soit Δ une droite perpendiculaire
à D_1.

. Si Δ ne coupe pas l'ellipse,
alors tous les points Δ sont tels
que PF + PF' > 2a (vérification
immédiate).

. Si Δ coupe $\overset{\sim}{\mathcal{E}}$ en $\tilde{P}_1$ et $\tilde{P}_2$, alors les points des segments $\tilde{P}_1 \tilde{P}_2$ sont intérieurs à l'ellipse $(PF + PF' < 2a)$ et les points extérieurs à $\tilde{P}_1 \tilde{P}_2$ sont extérieurs à l'ellipse.

En effet : soit P entre $\tilde{P}_1 \tilde{P}_2$ (par exemple du côté de $\tilde{P}_1$ par rapport à D_1) alors $PF' < \tilde{P}_1 F$ (obliques "plus inclinés par rapport à la perpendiculaire à Δ ...), donc $PF' + PF < \tilde{P}_1 F' + \tilde{P}_1 F$ et $\tilde{P}_1 F' + \tilde{P}_1 F = 2a$ puisque $\tilde{P}_1$ appartient à l'ellipse.

c) On montrerait ainsi un résultat analogue pour l'hyperbole et la parabole.

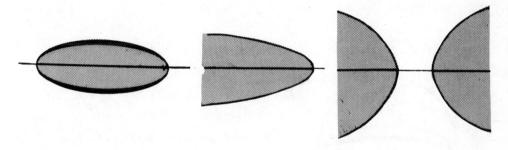

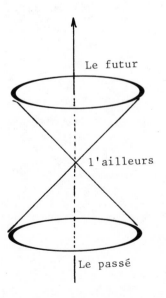

On voit cependant qu'on a opéré une extension de l'idée primitive d'intérieur, puisque dans les deux derniers cas l'intérieur est non limité, infini. Mais dans tous les cas on ne peut passer de l'intérieur à l'extérieur qu'en "traversant" la courbe. En relativité, l'espace temps sera symbolisé à l'aide de deux cônes, un cône passé, un cône futur, une paroi limite correspondant aux mobiles se déplaçant à la vitesse de la lumière, zone interdite, que l'on ne peut traverser et que les relativistes appellent l'*ailleurs*.

Nous sommes donc condamnés à demeurer à l'intérieur du cône relativiste.

✦ Une question que l'on pourrait se poser : est-il toujours possible
de définir l'intérieur d'une courbe ?

Quel peut bien être l'intérieur d'une spirale ?

3.2 | Construction par points |

3.2.3

a) Si A et A' sont fixes :

. pour e = 0 l'ellipse est un cercle, F et F' sont en O.

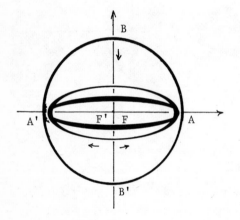

. si e croit de 0 à 1, les
foyers F et F' se rapprochent de
A et A', et les points B et B' se
"rapprochent" de O $(b = \sqrt{a^2 - c^2})$.

. à la limite (e = 1) on obtient
le segment AA' (avec cette définition).

b) Si F et F' sont fixes ... A et B varient !

$$e = \frac{c}{a} \quad \text{et} \quad b = \sqrt{a^2 - c^2}$$

quand e augmente, a et b diminuent.

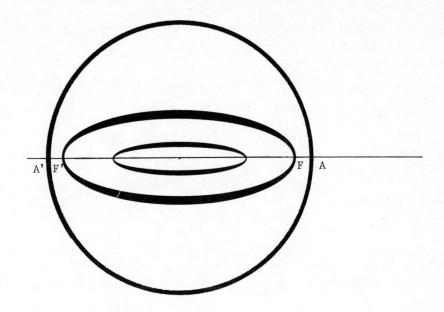

. si e tend vers 1, on a une ellipse aplatie sur les foyers, avec a qui tend vers e.

. si e tend vers zéro, A et A' s'éloignent, ainsi que B, à l'infini.

<u>3.2.6.</u>

$\Big($ utilise la symétrie des coniques par rapport aux axes de coordonnées (cf. 3.1.2). $\Big)$

3.3   │ Tangentes │

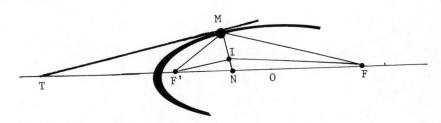

<u>3.3.1</u>

. MN et MT étant les bissectrices de l'angle $\hat{M}$ de MFF', on sait que la division (F'FTN) est harmonique d'où $\overline{ON}.\overline{OT} = OF^2 = c^2$.

. On a aussi (cf fiche division harmonique)

$$\frac{NF'}{NF} = \frac{MF'}{MF} \quad \text{donc} \quad \frac{NF'}{MF'} = \frac{NF}{MF} \left.\begin{array}{c} \\ \\ \\ \\ \end{array}\right\} \quad \text{d'où} \quad \frac{NF'}{MF'} = \frac{IN}{IM}$$

Pour la même raison $\dfrac{IN}{IM} = NF$

3.2.2 Exercice

a) . B et A sont extérieurs à (Γ) donc BT' et AT existent, et sont distinctes si B ≠ A

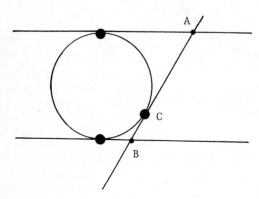

. elles sont non parallèles sinon ACB seraient dans cet ordre.

. donc M existe et est unique.

b) $\left.\begin{array}{l} BT' = BC \\ AT\ = AC \end{array}\right\}$ (tangentes au cercle)

C,B,A étant dans cet ordre M est entre A et T et à l'extérieur de T'B, donc

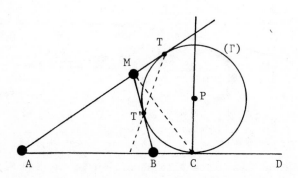

MA + MB = AT − MT + MT' + BT' = AC + BC, donc

$$\boxed{MA + MB = C^{ste}}$$

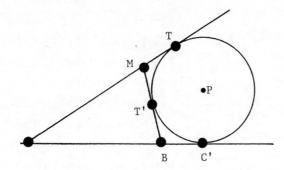

M appartient à une ellipse de foyers A et B de constante

$a = \frac{1}{2} (AC + BC)$.

<u>Inversement</u>

Soit M un point de cet ellipse.

Traçons le cercle exinscrit dans l'angle A du triangle AMB (tangent aux trois côtés, dans l'angle A et à l'extérieur du triangle).

Ce cercle a pour centre un point P et est tangent à AB en C' (à MB en T', à MA en T).

Montrons que C' = C, ce qui prouvera que P appartient à D', donc M à F(D')

AC' = AB + BC' = AB + BT'

AC' = AT = AM + MT'

donc   2AC' = AB + MA + MB = AB + AC + BC

2AC' = 2AC

donc   C = C'

tout point de l'ellipse est un point de l'ensemble cherché

$$\boxed{F(D') = \mathcal{E}(A_i B \; ; \; \frac{1}{2} (AC + BC))}$$

<u>3.3.3</u>

a) MT est médiatrice de MoF ?

On sait que MT est une des bissectrices de l'angle des droites MF et MF'.

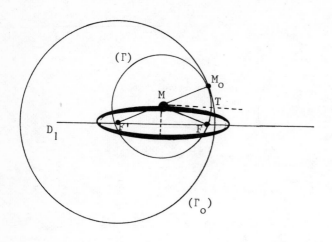

Dans le cas de l'ellipse, ci-contre, l'angle au centre $\widehat{F'MF}$ est égal au double de l'angle inscrit $\widehat{F'M_oF}$. Donc la parallèle à M_oF passant par M, et sa perpendiculaire, sont les bissectrices de l'angle M, et partant la tangente MT est la perpendiculaire à M_oF passant par M, soit la médiatrice de M_oF.   cqfd.

b) Pour l'hyperbole ?

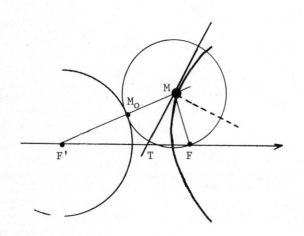

Ici M_o est entre M et F' (puisqu'on doit avoir MF' - MF = 2a).

La tangente MT en M à l'hyperbole est la médiatrice de M_oF. C'est aussi la bissectrice intérieure de l'angle M de MF'F.

c) Et si l'on considère la tangente comme limite d'une sécante ?

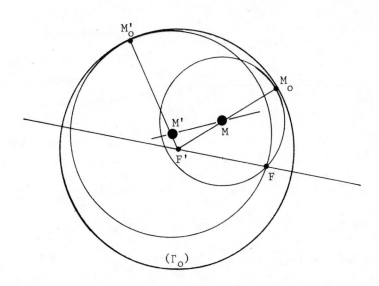

Soit $\mathcal{E}$ une ellipse de foyers F et F' et de cercle directeur (Γ_o) de centre F'.

Soient M et M' deux points de l'ellipse, (Γ) et (Γ') les cercles de centre M et M' qui passent par F et qui sont tangents à (Γ_o) en M_o et M'_o.

Les tangentes à (Γ_o) en M_o et M'_o se coupent en I; le point I a même puissance par rapport aux trois cercles (Γ_o) ; (Γ) et (Γ'). En particulier, il est sur l'axe radical de (Γ) et (Γ'), ainsi que F' : F'I est donc perpendiculaire à M' quand M' tend vers M, M'_o et I tendent vers M_o, et F'I tend vers $F'M_o$. MM' a pour limite la perpendiculaire en M à $F'M_o$, soit sa médiatrice. On a le même résultat.

<u>3.3.4</u> Positions relatives tangentes-courbes

Soit $\mathcal{E}$ une *ellipse* de foyers F' et F, de grand cercle (Γ_o) de centre F' de rayon 2a.

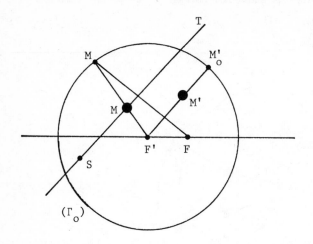

Si M est sur l'ellipse,
M est centre d'un cercle
(Γ) tangent en M_o à (Γ_o)
et passant par F.

On sait que la tangente MT
en M à l'ellipse est médiatrice de M_oF.

. Soit S un point de MT
distinct de M alors

$$SF + SF' = SF' + SM_o > F'M_o = 2a$$

$\star$le point S est à l'extérieur de l'ellipse$\star$

. Soit M' un point de $\mathcal{E}$ distinct de M ; on a $M'M'_o < M'M_o$,
car la médiatrice de $M_oM'_o$ passe par F'

donc $M'F < M'M_o$

donc $\star$M' est du côté de F (et F') par rapport à la tangente en M$\star$

*L'ellipse est toute entière d'un même côté de l'une de ses tangentes.
C'est ce que l'on appelle une courbe convexe.*

Pour une *hyperbole* $\mathcal{H},$ on trouve que *chaque branche de l'hyperbole
est une courbe convexe* (mais la courbe entière ne l'est pas).

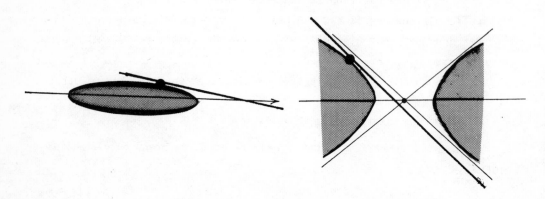

4.   EQUATIONS - DEFINITIONS - CLASSIFICATION

4.1   ┌─────────────────────────────────────┐
        │ A partir de la définition 2.1   │
        └─────────────────────────────────────┘

si   e ≠ 1   ┌──────────────────────┐
               │ $r = \dfrac{P}{1 + e \cos \theta}$ │
               └──────────────────────┘

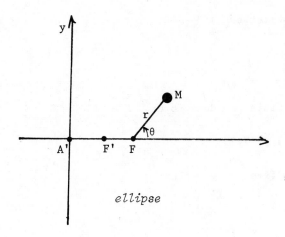

ellipse

$$\begin{cases} x = r \cos \theta + \dfrac{P}{1-e} \\ y = r \sin \theta \end{cases}$$

soit $$\begin{cases} X = x - \dfrac{p}{1-e} = \dfrac{p \cos \theta}{1 + e \cos \theta} \\ y = \dfrac{p \sin \theta}{1 + e \cos \theta} \end{cases}$$

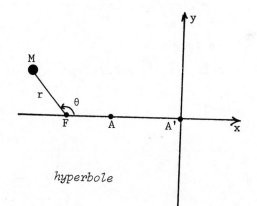

hyperbole

$$\begin{cases} x^2 + y^2 = \dfrac{p^2}{1 + e \cos \theta} \\ X = \dfrac{p}{e}\left(1 - \dfrac{1}{1 + e \cos \theta}\right) \end{cases}$$

Soit $y^2 + X^2 = (p - eX)^2$

$$y^2 = (-ex + \frac{p}{1-e})^2 - (x - \frac{p}{1-e})^2$$

$$y^2 = (e^2 - 1)x^2 + 2px(\frac{1}{1-e} - \frac{e}{1-e})$$

$$\boxed{y^2 = 2px + (e^2 - 1)X^2}$$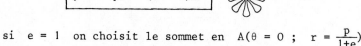

si $e = 1$ on choisit le sommet en $A(\theta = 0 \; ; \; r = \frac{p}{1+e})$

4.2 $\boxed{\text{A partir de la définition 2.3}}$

. Soit une conique $\mathcal{C}$ définie par deux foyers F et F' et a :

$MF^2 + MF'^2 = (x-c)^2 + (x+c)^2 + 2y^2$

$MF^2 - MF'^2 = (x-c)^2 + y^2 - (x+c)^2 - y^2 = 4cx$

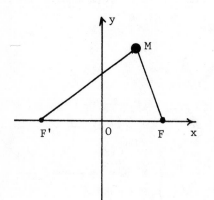

d'où si l'on pose

$P = (r+r'+2a)(r+r'-2a)(r-r'-2a)(r-r'+2a)$

On trouve

$$P = 16a^2(c^2 - a^2) \; (\frac{x^2}{a^2} + \frac{y^2}{a^2-c^2} - 1)$$

. *Pour l'ellipse*

On doit avoir $r+r'-2a = 0$

et dans ce cas $r+r'-2a = 0 \Longleftrightarrow P = 0$.

Donc l'équation de l'ellipse rapportée à son centre est :

$\boxed{\dfrac{x^2}{a^2} + \dfrac{y^2}{b^2} - 1 = 0}$ $b^2 = a^2 - c^2$

. *Pour l'hyperbole*

On doit avoir $|r - r'| = 2a$

soit $\begin{cases} r - r' - 2a = 0 \\ \text{ou} \\ r - r' + 2a = 0 \end{cases}$ $\Longleftrightarrow P = 0$

l'équation de l'hyperbole rapportée à son centre est

$$\boxed{\frac{x^2}{a^2} - \frac{y^2}{b^2} - 1 = 0}$$ avec $b^2 = c^2 - a^2$ $(b^2 > 0)$

. Cette équation contient aussi le cas du cercle :

si $a^2 = b^2$ $\boxed{x^2 + y^2 = a^2 b^2}$

Mais elle ne rend pas compte du cas de la parabole, ni de celui des droites.

L'équation générale d'une conique est donnée par $y^2 = 2px + (e^2 - 1)x^2$. Plus généralement une conique est déterminée par une forme bilinéaire symétrique : c'est une courbe du second degré. Mais on peut aussi les considérer comme intersection d'un cône et d'un plan : invariant de la géométrie projective.

4.6   Cônes et coniques

ou "comment on obtient une conique en coupant un cône par un plan" - Ce théorème reste vrai si le cône a une base ... conique (et non circulaire).

Le résultat est essentiel : il révèle que la notion de conique est une notion projective fondamentale, celle qui se conserve dans toute perspective ; (mais ce n'est pas la seule notion projective...).

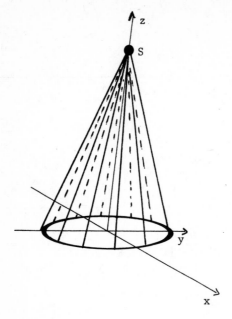

a) <u>Représentation paramétrique de</u> (Γ)

$(\overrightarrow{Ox}, \overrightarrow{ON}) = \varphi \qquad \overline{SM} = \lambda\overline{SN} \qquad \lambda \in r$

$\overrightarrow{SM} = \lambda\overrightarrow{SN}$

$$\boxed{\begin{array}{l} x = \lambda R \cos\varphi \\ y = \lambda R \sin\varphi \\ z = \quad (1-\lambda) \end{array}} \begin{array}{l} \lambda \in \mathbb{R} \\ \varphi \in [0, 2\pi[\end{array}$$

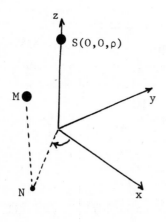

b) <u>Si l'on fixe λ</u>

$z = \rho(1-\lambda)$ est constant : on a coupé le cône par un plan horizontal

$\left.\begin{array}{l} x = \lambda R \cos\varphi \\ \\ y = \lambda R \sin\varphi \end{array}\right\}$ soit $x^2+y^2 = \lambda^2 R^2$

on obtient un cercle.

<u>Si l'on fixe φ</u>

On obtient $\dfrac{x}{R \cos\varphi} = \dfrac{y}{R \sin\varphi} = 1 - \dfrac{z}{\rho}$

c'est l'équation d'une droite (intersection de deux plans) que l'on a obtenu en coupant le cône par un demi plan passant par Oz.

c) Equation cartésienne de (Γ)

$$e^2(x^2 + y^2) = R^2(z - \rho)^2$$

il y a équivalence avec l'équation paramétrique.

d) Plan P contenant Ox

ax+by+cz+d = 0 est un plan (si les coefficients sont non tous nuls).
Il contient Ox si :

$$\forall x \quad M(x,0,0) \in P \Longleftrightarrow \forall x \quad ax + d = 0 \Longleftrightarrow \begin{cases} a = 0 \\ et \\ d = 0 \end{cases}$$

l'équation de P est donc

$$by + cz = 0 \quad avec \quad b^2 + c^2 \neq 0$$

e) Intersection de (P) et (Γ)

vecteur $\vec{i}$ (1,0,0)

vecteur $\vec{j}$ (0, -c ; b)

(1) $\Gamma : \rho^2(x^2+y^2) = R^2(z-\rho)^2$

(2) $P : by + cz = 0 \quad avec \quad b^2 + c^2 = 1 \quad$ (normalisation)

$M(x,y,z) \in (\Gamma) \cap (P)$:

(2) $\Rightarrow -by = cz \qquad$ on pose $\quad Y = \dfrac{-y}{c} = \dfrac{z}{b}$

et $\overrightarrow{OM} = X\vec{i} + Y\vec{j}$ (deux coordonnées seulement : dans un plan)

$$M \in (\Gamma) \cap (P) \Longleftrightarrow X^2 + c^2 Y^2 = R^2 \left(\dfrac{bY}{\rho} - 1\right)^2$$

$\Longleftrightarrow$

$$X^2 = \dfrac{R^2}{\rho^2} [(b-c1)Y - \rho^2] [(b+c1)Y - \rho^2]$$

$$\begin{cases} \text{si } \begin{cases} b-c1 = 0 \\ \text{ou} \\ b+c1 = 0 \end{cases} \quad X^2 = AY + B \qquad \text{Parabole} \\[3em] \text{sinon } X^2 = \dfrac{R^2}{\rho^2(b^2-c^2\rho^2)} \; \left(Y - \dfrac{\rho^2}{b-c1}\right) \; \left(Y - \dfrac{\rho^2}{b+c1}\right) \\[3em] \text{si } \quad b^2 - c^2\rho^2 < 0 \qquad \text{la courbe est une ellipse} \\[1em] \text{si } \quad b^2 - c^2\rho^2 > 0 \qquad \text{la courbe est une hyperbole.} \end{cases}$$

Ledoux

DIVISION HARMONIQUE - BIRAPPORT

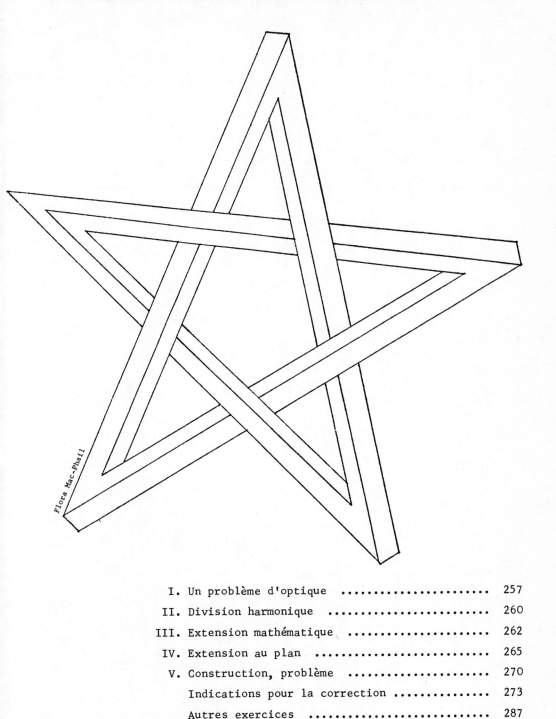

Flora Mac-Phail

DIVISION HARMONIQUE

Mode d'emploi

     Ce chapitre sera utilisé en deux circonstances :

     a) lorsque le cours et les travaux dirigés de physique aborderont l'optique et que les étudiants, confrontés à la notion de division harmonique, seront dans le besoin des développements qui suivent ;

     b) au milieu de l'année, pour le cours de mathématiques proprement dit, après avoir traité des transformations ponctuelles, et comme exemples d'extensions de géométrie.

I. UN PROBLEME D'OPTIQUE

     Si le lecteur se place devant un miroir plan, il reçoit une image non déformée. Devant une image réfléchissante concave ou convexe, comme les miroirs des foires, il reçoit une image étirée non uniformèment avec des zones plus ou moins déformées.

     Dans le premier cas, l'image d'un point est un point : on dit qu'il y a *stigmastime rigoureux*.

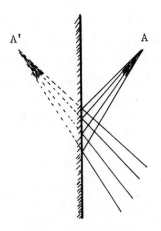

Le faisceau lumineux issu de A se réfléchit en un faisceau convergent virtuellement en A'.

A' est l'image unique et ponctuelle de A.

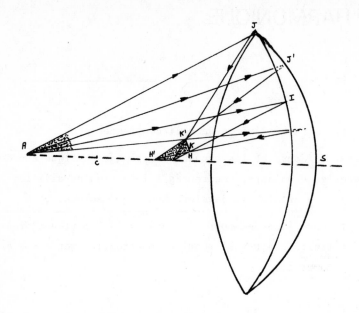

Par contre, dans le cas du miroir sphérique, l'image d'un point n'est pas en un point : un faisceau issu de A est réfléchi en rayons lumineux qui ne convergent pas en un point, mais se concentrent sur une région plus ou moins grande (région HH' et KK', fig. II). Dans ce cas, *il n'y a pas stigmatisme*.

Dans le cas où le faisceau est étroit, la concentration des rayons se fait suivant deux segments HH' et KK', par contre quand le faisceau est étendu, la concentration des rayons se fait suivant une courbe appelée la caustique. L'utilisation des miroirs sphériques et de systèmes optiques non plans étant fréquente, il importe de connaître la forme donnée au faisceau au départ et la région du miroir où se réfléchiront le rayon afin que l'image soit aussi peu déformée que possible. On dit que l'on réalise les conditions du *stigmatisme approché*.

On a un miroir de centre C.

Un rayon issu de A_o se réfléchit en I et recoupe
A_oC en A'_o, soit IT la
tangente au miroir. Il y a
stigmatisme rigoureux si
$A_o A'_o C$ T forment une division harmonique. En lisant
ci-après la définition de
cette division harmonique,
on verra que les droites
IA_o, IA'_o, IC et IT forment
un faisceau harmonique. L'ensemble des points I néces-
saires à former un faisceau
harmonique est un cercle, le
miroir.

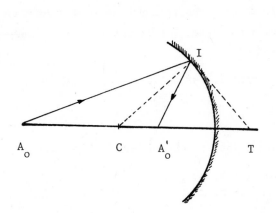

De façon générale, on dit
qu'il y a *stigmatisme approché* si le point est tel
que la division AA'CT
soit presque harmonique, ce
qui se produit si A est
assez près de A_o. On écrira :
la division AA'CT est
harmonique au 4ème ordre
près. Cette notion est définie dans le cours et les
travaux dirigés sur les développements limités.

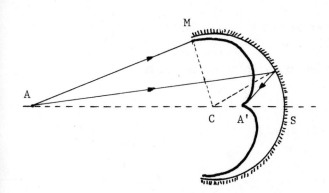

II. DIVISION HARMONIQUE

*Une enfant si jeune, dit le monsieur assis
en face d'elle (il était vêtu de papier
blanc), devrait savoir dans quelle direction elle va, même si elle ignore son
propre nom.*

(Lewis Carroll. Through the looking glass).

2.1   Définition

■   Les propriétés de division harmonique caractérisent *l'alignement
des points*.

soit (A,A',B,B') quatre points alignés. On dit que (A,A') est un
couple de points conjugués du couple (B,B') (ce qui se note
(A,A',B,B') = -1) si

$$\frac{\overline{B\,A}}{\overline{B\,A'}} = - \frac{\overline{B'A}}{\overline{B'A'}}$$

On remarquera que si (A,A') est conjugué de (B,B'), (A',A)
est aussi conjugué de (B,B') et de (B'B) ce qui s'écrit :
(A,A',B,B') = -1 $\Longrightarrow$ (A',A,B,B') = - 1 et (A',A,B',B) = - 1. On dit
que (A,A') et (B,B') forment une division harmonique. ■

Question

(A, A', B', B) = -1 $\Longrightarrow$ (A, B, A', B') = -1 ?

2.2   Propriétés simples

■   Soient (A,A') et (B,B') quatre points qui forment une division
harmonique ; soit I le milieu de A A'. Soit (0, i) un repère quelconque de la droite (A,A',B,B') et soient a,a',b,b' les coordonnées de
A,A',B,B' dans ce repère.

On montrera que : $\forall (O, \vec{i})$ $\forall A,A',B,B'$ tq $(A,A',B,B') = -1$

$$\boxed{2\,(aa' + bb') = (a + a')\,(b + b')}$$

et

$\underline{b' = 0}$ $\implies$ $\boxed{\dfrac{2}{b} = \dfrac{1}{a} + \dfrac{1}{a'}}$

On montrera que : $\forall A,A',B,B'$ tq $(A,A',B,B') = -1$

$$\boxed{\dfrac{2}{\overline{AA'}} = \dfrac{1}{\overline{AB}} + \dfrac{1}{\overline{AB'}}} \qquad \text{et} \qquad \boxed{\overline{IA}^2 = \overline{IB} \times \overline{IB'}} \qquad \text{(I milieu de A,A')}$$

Ces relations sont fréquemment utilisées en optique. De la dernière de ces relations, déduire que B et B' sont toujours sur la même demi-droite issue de I, l'un des points B ou B' étant intérieur au segment AA', l'autre extérieur.■

✖   <u>Extension</u> :

si b = a' et b' = a', la première relation est vraie sans que l'on puisse calculer le rapport $\dfrac{\overline{BA}}{\overline{B'A'}}$. Donc, si l'on s'en tient stricte-ment à la définition donnée, les relations du paragraphe 2.2 ne sont pas suffisantes pour caractériser la division harmonique.

Est-il possible d'étendre cette définition pour que cette caracté-ristique soit valable ?

Peut-on avoir (AA'BB') = -1 avec B au milieu de AA' ?

Dans quelles conditions peut-on modifier légèrement la définition pour que cela devienne possible ?

2.3   <u>Application au triangle</u>

■

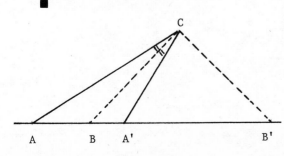

> Dans un triangle, les pieds des bissectrices forment avec les pieds des côtés une divi-sion harmonique   ■

Soit CAA' un triangle (tel que CA ≠ CA'). Les bissectrices de l'angle C coupent la droite AA' en B et B'.

Exercice :   montrer que (A,A',B,B') = 1

On pourra montrer que $\dfrac{BA}{BA'} = \dfrac{CA}{CA'} = \dfrac{B'A}{B'A'}$

en utilisant la propriété des angles et des côtés $\dfrac{AA'}{\sin \widehat{C}} = \dfrac{AC}{\sin \widehat{A'}} = \dfrac{A'C}{\sin \widehat{A}}$.

On trouvera les indications relatives à ces propriétés lors du passage relatif aux triangles.

Question :

Que se passe-t-il si CA = CA' ?

Pouvait-on prévoir ce résultat ?

***   Exercice

Etudier la réciproque de ce théorème.

> *Et maintenant, je me le demande, auquel de*
> *ces deux poteaux indicateurs dois-je me fier ?*
> *Il n'était pas difficile de répondre à cette*
> *question, car il n'y avait qu'une seule route,*
> *et les deux poteaux indicateurs désignaient*
> *tous deux la même direction.*
>
> *(Lewis Carroll. Through the looking glass).*

III. EXTENSION MATHEMATIQUE

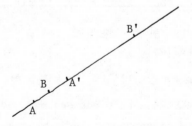

Quand on dit que les quatre points A, A', B, B' forment une division harmonique, on veut signifier :

- qu'ils sont alignés
- que leurs distances respectives sont dans un rapport tel que :

$$\dfrac{\overline{AB}}{\overline{AB'}} = -\ \dfrac{\overline{A'B}}{\overline{A'B'}} \iff \dfrac{\overline{AB}}{\overline{AB'}} : \dfrac{\overline{A'B}}{\overline{A'B'}} = -1$$

Nous allons étendre cette définition en gardant les idées :

- points alignés
- distances dans un certain rapport, qui ne sera pas nécessairement -1.

3.1   Birapport

Soient A, A', B, B' quatre points alignés.

Le nombre $\dfrac{\overline{BA}}{\overline{BA'}} : \dfrac{\overline{B'A}}{\overline{B'A'}}$ noté (A ; A' ; B ; B'), sera appelé birapport

des quatre points A, A', B, B'.

Remarque : $\boxed{(A,A',B,B') \quad \underline{\underline{déf}} \quad \dfrac{\overline{BA}}{\overline{BA'}} : \dfrac{\overline{B'A}}{\overline{B'A'}}}$.

Quelle sera la valeur de (A', A, B, B') ?

Pour quelle valeur du birapport les quatre points (A, A', B, B') forment-ils une division harmonique ?

3.2   Homographie

Le birapport ainsi défini est une sorte de description de la position des quatre points l'un par rapport à l'autre. Il est évident que si l'on translate ces points, c'est-à-dire si on les déplace parallélement à eux-mêmes, ils conservent le même birapport.

En est-il de même si, au lieu de les transporter parallélement à eux-mêmes, on les transporte d'une autre façon dans le plan ?

★ On cherchera à étudier les transformations de la droite sur elle-même qui conservent le birapport.★

3.2.1 Définition

On appelle *homographie* (de la droite) les transformations (de la droite) qui conservent le birapport.

Cela signifie qu'une homographie de la droite Δ est une application $\Delta \xrightarrow{\;\mathcal{H}\;} \Delta$ telle que :

$$\forall (A,B,C,D) \in \Delta^4 \; : \; (A,B,C,D) = (\mathcal{H}(A), \; \mathcal{H}(B), \; \mathcal{H}(C), \; \mathcal{H}(D)).$$

Question

Vérifier qu'une translation est une homographie.

On rappelle qu'une homothétie est une application qui à un vecteur $\vec{V}$ associe $\lambda \vec{V}$. Une homothétie est-elle une homographie ?

3.2.2 Caractérisation

$$\Delta \xrightarrow{\ \mathcal{H}\ } \Delta$$

$$M \longmapsto M'$$

La méthode utilisée pour la caractérisation de l'homographie $\mathcal{H}$ sera l'étude de la transformation des coordonnées d'un point dans un repère donné. Celle-ci sera indépendante du repère lui-même.

Les homographies de Δ sont les applications telles que : si $M(x)$ a pour image $M'(x')$, on a : $x' = \dfrac{\alpha x + \beta}{\gamma x + \delta}$, les coefficients $\alpha, \beta, \gamma, \delta$ étant indépendants de x et x' et vérifiant $\alpha\delta - \beta\gamma \neq 0$.

En langage mathématique un peu plus formalisé, cela s'écrit :

lorsque $\Delta \xrightarrow{\ \mathcal{H}\ } \Delta$ est une homographie

et

lorsque $(O, \vec{i})$ est un repère de Δ

on a $\exists \alpha, \beta, \gamma, \delta$ réels, tels que si $h(x)$ est l'abscisse de $\mathcal{H}(M)$, x étant l'abscisse de M, on a $h(x) = \dfrac{\alpha x + \beta}{\gamma x + \delta}$.

Réciproquement :

$\forall (\alpha, \beta, \gamma, \delta) \in \mathbb{R}^4$ tq $\alpha\delta - \beta\gamma \neq 0$ l'application $\mathbb{R} \xrightarrow{\ h\ } \mathbb{R}$

$$x \longmapsto h(x)$$

définie par $h(x) = \dfrac{\alpha x + \beta}{\gamma x + \delta}$ est telle que, dans tout repère de Δ, l'application $\Delta \xrightarrow{\ \mathcal{H}\ } \Delta$ induite par h est une homographie.

$$M(x) \longmapsto \mathcal{H}(M)(h(x))$$

Remarques :

Si $x = -\dfrac{\delta}{\gamma}$, $h(x)$ n'est pas définie. Avec une démarche du même type que celle du paragraphe 2 concernant la division harmonique, on

attribue à h(x) une valeur infinie et on dit que l'image du point M
d'abscisse x est : "le point à l'infini de Δ".

Inversement, à ce point à l'infini, l'on associe par l'homographie
considérée le point de coordonnée $\frac{\delta}{\gamma}$.

Question

A quoi cela correspond-il dans le cas d'une division harmonique ?

3.2.3 Propriétés fondamentales

Les homographies forment un groupe ; c'est leur propriété fonda-
mentale. La vérification se fait en écrivant $h(x) = \frac{\alpha x + \beta}{\gamma x + \delta}$, mais
cette propriété est triviale puisque la seule condition demandée à l'ho-
mographie de la droite est de conserver le birapport.

> *Le contrôleur n'avait cessé de l'observer,*
> *d'abord au moyen d'un télescope, ensuite au*
> *moyen d'un microscope, et enfin au moyen*
> *d'une lorgnette du théâtre. Il finit par*
> *déclarer "Vous n'avez pas pris la bonne*
> *direction".*
>
> *Lewis Carroll. Through the looking glass.*

IV. EXTENSION AU PLAN

La question va être maintenant de trouver une application du plan
dans le plan tout en conservant le birapport. C'est-à-dire que l'on cherche une application telle que si M'_1, M'_2, M'_3, M'_4 sont les transformés
de M_1, M_2, M_3, M_4, alors le birapport de M'_1, M'_2, M'_3, M'_4 est le
même que celui de M_1, M_2, M_3, M_4.

Première condition : puisque le birapport n'est défini que pour
des points alignés, la transformation en question devra transformer toute
droite en une autre droite. C'est pour cela qu'on a introduit une transformation qui s'appelle une perspective et qui montrera qu'elle conserve
le birapport.

4.1   Perspectives

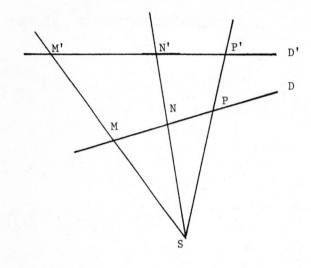

Définition

Soient D et D' deux droites et soit S un point du plan. On appelle perspective de D sur D' de sommet S, l'application $D \xrightarrow{\mathscr{P}} D'$

$$M \longmapsto M'$$

telle qu'on tout point M de D on associe le point M' de D' tel que S,M et M' soient alignés.

Remarques

. $\mathscr{P}$ est une bijection de $\overline{D}$ sur $\overline{D}'$, $\overline{D}$ et $\overline{D}'$ étant les droites D et D' auxquelles on a adjoint un point à l'infini.

. $\mathscr{P}$ s'appelle aussi perspective de D sur D' de point de vue S.

. Avec ces perspectives, on limite le problème posé puisqu'on définit seulement une application d'une droite donnée sur une autre droite donnée, sans la définir dans le plan entier.

**   Théorème fondamental

Les perspectives conservent toujours le birapport, ce qui veut dire que quels que soient M_1, M_2, M_3, M_4 de D, lorsque l'on a M'_1, M'_2, M'_3, M'_4 en transformés, on obtient $(M'_1, M'_2, M'_3, M'_4) = (M_1, M_2, M_3, M_4)$. Ceci est démontré dans le corrigé.

Perspectives

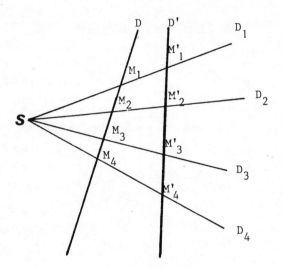

Ce théorème illustre le fait que le birapport, outre le fait qu'il caractérise les quatre points M_1, M_2, M_3, M_4 , caractérise les quatre droites D_1, D_2, D_3, D_4. Ces droites D_1, D_2, D_3, D_4 forment un faisceau ; on retrouve le langage de l'optique.

4.2   Faisceau

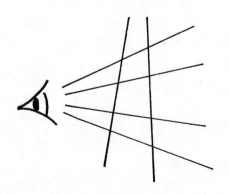

On appelle faisceau un ensemble de droites concourantes ou, à la limite, parallèles.

Si deux secantes coupent quatre droites d'un faisceau, le birapport des points d'intersection est constant, ce qui signifie qu'il ne dépend pas de la sécante considérée.

Si ce birapport est égal à -1, on dit du faisceau qu'il est harmonique.

4.2.1 Quelques propriétés des faisceaux harmoniques

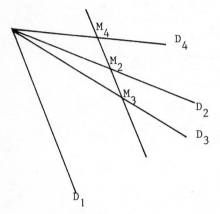

Soit $D_1D_2D_3D_4$ un faisceau harmonique, soit Δ une parallèle à D_1 qui coupe $D_2D_3D_4$ en $M_2M_3M_4$; on obtient alors : M_2 milieu de M_4M_3 .

Question

Démontrer ce qui précède et examiner la réciproque.

Comment construire, en utilisant cette propriété, le quatrième rayon d'un faisceau harmonique dont on connait les trois premiers rayons?

4.2.2 Exercice

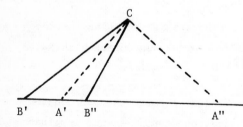

Retrouver que dans un triangle les bissectrices CA' et CA" de l'angle C forment avec CB', CB" un faisceau harmonique.

Egalement retrouver que lorsque $(D_1D_2D_3D_4)$ est un faisceau harmonique, on obtient l'équivalence suivante : (D_1D_2) sont bissectrices de (D_3D_4) si et seulement si (D_1D_2) sont orthogonales.

4.2.3 <u>Exercice</u>

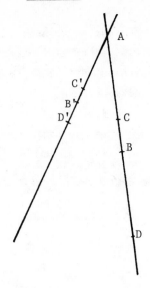

Soient Δ et Δ' deux droites concourantes en A ; soient BCD et B'C'D'
des points de Δ et Δ' tels que
(ABCD) soit une division harmonique
ainsi que (A'B'C'D') ; montrer que
BB', CC', DD' sont concourantes ou
parallèles.

4.2.4 <u>Théorème de Mathesis</u> : <u>tout triangle est isocèle</u>

✗

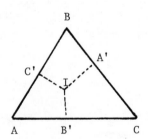

Démonstration

Soit ABC un triangle. Démontrons que
BA = BC.

Soit I le point d'intersection de la
bissectrice intérieure de $\hat{B}$ avec la
médiatrice de AC.

Soit C' la projection de I sur AB,
et A' la projection de I sur BC.

Premier cas

Si I est intérieur à ABC, le triangle BIC' est égal au triangle
BIA' ce qui entraîne BC' = BA'.

Tr. IAB' = tr. ICB'

Tr. C'IA = tr. IA'C d'où A'C = C'A

d'où BA = BC' + C'A = BA' + A'C' = BC

d'où BA = BC.   c.q.f.d.

Deuxième cas

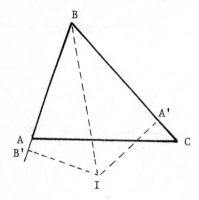

Si I est extérieur au triangle,
tr.BIC' = tr.BIA' et tr.AIC' = tr.CIA',
donc en retranchant BC' et BA' de
AC' et A'C qui sont égaux, on obtient :
BA = BC   c.q.f.d.

Question :

Que penser de cette démonstration ?

V. CONSTRUCTION, PROBLEME

> *"Je suis réelle".*
> *C'est peut-être le grand paradoxe de la traversée*
> *du miroir.*
>   *Lewis Carroll. Through the looking glass.*

On présente maintenant un problème mathématique qui se résoud en utilisant les propriétés du birapport et de sa conservation par perspective ; ceci ouvra la voie vers les propriétés projectives des figures planes.

Construction

On se munira de feuilles de papier uni de préférence, d'un crayon bien taillé, d'une gomme et d'un mélange d'enthousiasme et de patience.

On choisira quatre points distincts formant un quadrilatère autre qu'un trapèze.

On tracera toutes les droites que ces quatre points permettent de définir ; ce sera la première étape. On observera le nombre de points d'intersection obtenus.

A partir des points des premiers quadrilatères et des points d'intersection obtenus lors de la première étape, on tracera toutes les droites possibles, c'est-à-dire reliant ces points ; on aura ainsi de nouveaux points d'intersection ; ceci correspond à la seconde étape,etc.

La question à se poser est de savoir ce qui se passera après un certain nombre d'étapes successives. Que peut-on en déduire ?

Quadrilatère complet

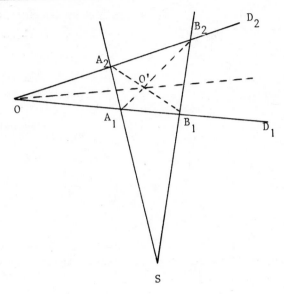

Définition 1

Soient D_1 et D_2 deux droites concourantes en O et soit S un point qui n'appartient ni à D_1 ni à D_2.

Montrer que l'ensemble des conjugués harmoniques de S par rapport aux points d'intersection avec D_1 et D_2 est une droite ; cette droite s'appelle la polaire de S par rapport à D_1 et D_2. La démonstration se trouve dans le corrigé.

Pour construire la polaire de S par rapport à D_1 et D_2 , on pourra utiliser la remarque suivante : soient D_1 et D_2 deux sécantes en O, soit S un point qui ne soit ni sur D_1 ni sur D_2.

SA_1A_2 et SB_1B_2 coupent D_1 et D_2 en A_1 ; B_1 et A_2 ; B_2

Soit O' le point d'intersection de A_2B_1 et A_1B_2

On remarquera alors que O' appartient à la polaire de S par rapport à D_1 et D_2.

Définition 2

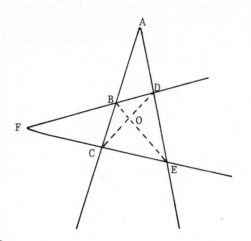

La figure formée par quatre droites coplanaires s'appelle quadrilatère complet lorsque trois quelconques de ses droites ne sont pas concourantes. Sur la figure, les droites AB, AD, FB et FC forment un quadrilatère complet dont les sommets sont A,B,C,D,E,F.

Théorème

Dans tout quadrilatère complet, une diagonale est partagée harmoniquement par les deux autres. Sur la figure, AB, AD, AF et AO forment un faisceau harmonique.

*** Problème

En exécutant la construction précédemment proposée, en étapes successives, on a obtenu des alignements, ce qui a limité le nombre de droites à tracer. Donner une explication de ceci.

On pourra utiliser le fait que toute diagonale d'un quadrilatère complet est partagée harmoniquement par les deux autres.

A partir d'un certain stade, on remarquera qu'on obtient des points d'intersection qui sont sur le même rayon d'un faisceau harmonique. (Voir corrigé.)

INDICATIONS POUR LA CORRECTION

Quand la lune se lève et que la nuit vient,
il est le chat qui s'en va tout seul, et
tous les lieux se valent pour lui.

Rudyard Kipling.

2. DIVISION HARMONIQUE

2.1   Définitions

$$(A,A',B,B') = -1 \iff \frac{\overline{BA}}{\overline{BA'}} = - \frac{\overline{B'A}}{\overline{B'A'}} \iff \frac{\overline{BA'}}{\overline{BA}} = - \frac{\overline{B'A'}}{\overline{B'A}}$$

$$\iff (A', A, B, B') = -1.$$

On a de même $(A, A', B, B') = -1 \implies (A,A',B',B) = -1$ et
$(A',A,B',B) = -1$ et $(B,B',A,A') = -1 \ldots$ etc $\ldots$

Par contre $(A,A',B,B') = -1$, qui est équivalent à $\dfrac{\overline{BA}}{\overline{BA'}} = -\dfrac{\overline{B'A}}{\overline{B'A'}}$

n'implique pas $(A,B,A',B') = -1$, qui, lui est équivalent à $\dfrac{\overline{A'A}}{\overline{A'B}} = -\dfrac{\overline{B'A}}{\overline{B'B}}$.

Question

Peut-on avoir simultanément $(A,A',B,B') = -1$ et $(A,B,A',B') = -1$?

2.2   Propriétés simples

2.2.1 $\dfrac{\overline{BA}}{\overline{BA'}} = - \dfrac{\overline{B'A}}{\overline{B'A'}} \iff \dfrac{a - b}{a' - b} = - \dfrac{a - b'}{a' - b'} \implies 2(aa' + bb') = (a+a')(b+b')$

2.2.2 $\dfrac{\overline{BA}}{\overline{BA'}} = - \dfrac{\overline{B'A}}{\overline{B'A'}} \implies 2(aa' + bb') = (a+a') (b+b')$

(si $b' = 0$) alors $(b \neq 0)$, $2aa' = (a+a') b \implies \dfrac{2}{b} = \dfrac{1}{a} + \dfrac{1}{a'}$.

2.2.3 Si A,A',B,B' forment une division harmonique, quel que soit
$(O,\vec{i})$ repère de la droite, si $a = 0$ on montre comme ci-dessus que
$\dfrac{2}{a'} = \dfrac{1}{b} + \dfrac{1}{b'}$.

Soit $(A, \vec{i})$ un repère de la droite, alors $a = 0$ et

$$\frac{2}{a'} = \frac{1}{b} + \frac{1}{b'} \quad \text{ce qui implique} \quad \frac{2}{\overline{AA'}} = \frac{1}{\overline{AB}} + \frac{1}{\overline{AB'}} .$$

On remarquera que cette relation ne dépend plus du choix d'un repère.

2.2.4   De même, soit $(I, \vec{i})$ un repère de la droite, I étant le milieu de AA'. On a alors $a+a' = 0$ et $2(aa'+bb') = (a+a')(b+b') \implies$

$- aa' = bb' \implies$

$- \overline{IA} . \overline{IA'} = \overline{IB} . \overline{IB'} \implies IA^2 = \overline{IB} . \overline{IB'}$

★ On se trouve ici en face d'une démarche fréquente en mathématiques. Pour la démonstration, l'outil utilisé (repère et coordonnées) ne se retrouve pas dans le résultat. De même, lorsqu'on plante un clou, on utilise un marteau qui ne se retrouve plus une fois le clou planté. ★

Extension

La définition du birapport de quatre points supposait que les quatre points considérés étaient des points distincts. On peut se demander s'il est possible de définir le birapport pour des points qui sont non distincts. Par exemple : si trois des points sont confondus ($B = A' = B'$), on peut alors dire que la division est encore harmonique.

Les rapports $\dfrac{\overline{BA}}{\overline{BA'}}$ et $\dfrac{\overline{B'A}}{\overline{B'A'}}$ ne sont plus définis mais peuvent être interprêtés comme $\infty = \infty$. Si les points B, A' et B' ne sont pas tout à fait confondus, mais que B se rapproche de A', alors B' doit se rapprocher de A' pour que la division reste harmonique.

De même, si B est confondu avec I, alors $\overline{BA} = - \overline{BA'}$. Comme B' est nécessairement extérieur à $\overline{AA'}$, on ne pourra jamais avoir $\overline{B'A} = \overline{B'A'}$. Cette situation peut encore être interprêtée comme limite : si B se rapproche de I, alors B' s'éloigne à l'infini sur la droite.

2.3   Application au triangle

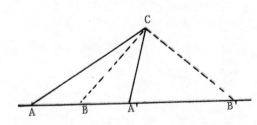

On admettra que :

$$\frac{AA'}{\sin \widehat{C}} = \frac{AC}{\sin \widehat{A'}} = \frac{A'C}{\sin \widehat{A}} \ .$$

Cette relation a été démontrée
dans la partie concernant le
triangle.

Alors :

$$\left.\begin{array}{c} \dfrac{AC}{\sin B'} = \dfrac{AB'}{\sin \left(\frac{\pi}{2} + \frac{C}{2}\right)} \\[2em] \dfrac{A'C}{\sin B'} = \dfrac{A'B'}{\sin \left(\frac{\pi}{2} - \frac{C}{2}\right)} \end{array}\right\} \quad \Rightarrow \quad \frac{B'A}{B'A'} = \frac{CA}{CA'}$$

De même $\dfrac{BA}{BA'} = \dfrac{CA}{CA'}$ et, puisque CB et CB' sont, l'une intérieure,
l'autre extérieure à (CA, CA'), on a :

$$\frac{\overline{BA}}{\overline{BA'}} = - \frac{\overline{B'A}}{\overline{B'A'}} \qquad \text{c.q.f.d.}$$

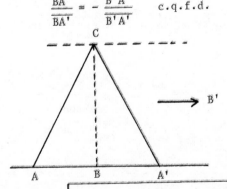

. Si CA = CA', alors B est le
milieu de AA' et le point B' est
rejeté à l'infini. On se retrouve
dans un des cas précédemment indiqués
d'extension.

*** Si A,A',B,B' forment une division harmonique et si CB est
orthogonale à CB', alors CB et CB' sont les bissectrices de
l'angle (CA,CA').

Etudions la réciproque :

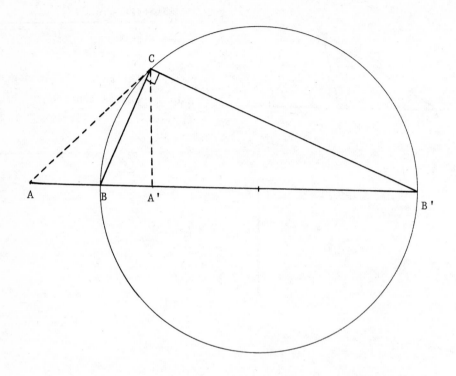

. Si CB et CB' sont orthogonales, alors C est sur le cercle BB'.

. Soient CB_1 et CB'_1 les bissectrices de l'angle (CA,CA'), alors CB_1 et CB'_1 sont orthogonales et C est aussi sur le cercle de diamètre $B_1B'_1$.

. Soit $(I \vec{i})$ un repère de la droite. Soit I le milieu de AA'. Alors on a :

$$a^2 = bb' \text{ et } a^2 = b_1 b'_1 \text{ (on choisit } b < b' \text{ et } b_1 < b'_1).$$

De $bb' = b_1 b'_1$, on tire $b \leqslant b_1 < b'_1 \leqslant b'$ ou
$$b_1 \leqslant b < b' \leqslant b'_1$$

C'est-à-dire que l'un des deux segments $B_1 B'_1$ ou BB' est intérieur à l'autre. S'ils ne sont pas confondus, les deux cercles de diamètre BB' et $B_1 B'_1$ ne se coupent pas, ce qui est absurde puisque C est sur ces deux cercles.

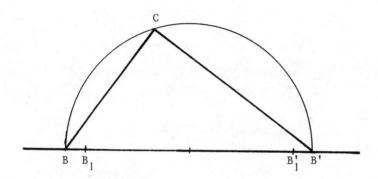

Donc, $B = B_1$ et $B' = B'_1$, CB et CB' sont les bissectrices de (CA, CA').   c.q.f.d.

3. EXTENSION MATHEMATIQUE

$$\boxed{\frac{\overline{BA}}{\overline{BA'}} : \frac{\overline{B'A}}{\overline{B'A'}} = (AA'\,BB')}$$

$$(A'ABB') = \frac{\overline{BA'}}{\overline{BA}} : \frac{\overline{B'A'}}{\overline{B'A}} = \frac{1}{(AA'BB')}$$

$$(A'AB'B) = \frac{\overline{B'A'}}{\overline{B'A}} : \frac{\overline{BA'}}{\overline{BA}} = \frac{1}{(A'ABB')} = (AA'BB') \;\ldots\; \text{etc}$$

Le birapport a pour valeur (-1) quand la division est harmonique, et seulement dans ce cas.

On vérifiera que les applications qui s'expriment(dans un repère donné)par $x \longmapsto \dfrac{\alpha x + \beta}{\gamma x + \delta}$ conservent le birapport.

On démontre d'une façon analogue que toutes les homographies de la droite sont de cette forme en fixant pour cela l'image de trois points, mais cette méthode est ardue ; on exposera plus tard une méthode plus aisée.

4. EXTENSION AU PLAN

4.1   Perspectives

Les perspectives conservent le birapport : théorème fondamental.

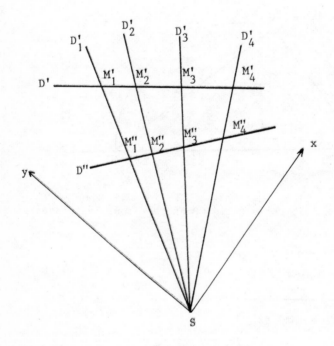

Soient S un point, D' et D" deux droites. La perspective de
point de vue S associe D" à D'.

Soient M'_1 M'_2 M'_3 M'_4 quatre points de D', et M''_1 M''_2 M''_3 M''_4 leurs
homologues sur D".

On montrera que $(M'_1 \ M'_2 \ M'_3 \ M'_4) = (M''_1 \ M''_2 \ M''_3 \ M''_4)$.

Première démonstration, utilisant les homographies

. soit $(S, \vec{i}, \vec{j})$ un repère d'origine S, tel que Sx ne soit
parallèle ni à D' ni à D", et Sy parallèle ni à D_1, ni à D_2, ni
à D_3 ni à D_4.

. D' et D'' ont, dans ce repère, une équation de forme :

D' : $a'x + b'y + c' = 0$ $\qquad$ $a'b'c' \neq 0$

D'' : $a''x + b''y + c'' = 0$ $\qquad$ $a''b''c'' \neq 0$

. $D_1\ D_2\ D_3\ D_4$ ont des équations de forme :

D_i : $y_i = \alpha_i x = 0$ $\qquad$ $\alpha_i \neq 0$

. Calculons le birapport $(M'_1\ M'_2\ M'_3\ M'_4)$ en fonction des coordonnées de $M'i(x'i, y'i)$ $\qquad$ $i \in \{1, 2, 3, 4\}$

$$(M'_1\ M'_2\ M'_3\ M'_4) = \frac{x'_3 - x'_1}{x'_3 - x'_2} : \frac{x'_4 - x'_1}{x'_4 - x'_2} = \frac{y'_3 - y'_1}{y'_3 - y'_2} : \frac{y'_4 - y'_1}{y'_4 - y'_2}$$

. Les coordonnées de M''_i $(x''_i\ y''_i)$ peuvent être obtenues en considérant que M''_i est l'intersection de D_i et de D''.

$$\left.\begin{array}{l} D_i : \qquad y_i - \alpha_i x : 0 \\[3mm] M'_i(x'_i, y'_i) \in D_i \end{array}\right\} \Longrightarrow \alpha_i = \frac{a'x'_i + c'}{-b'\ x_i}$$

D'' : $\qquad a''x + b''y + c'' = 0 \Longrightarrow x''_i = \dfrac{-c''}{b''\ \alpha_i + a''}$

donc $x''_i = X(x'_i)$ où X est une fonction homographique.

. $(M''_1\ M''_2\ M''_3\ M''_4) = \dfrac{x''_3 - x''_1}{x''_3 - x''_2} : \dfrac{x''_4 - x''_1}{x''_4 - x''_2}$

chaque x''_i est une fonction homographique de x'_i.

Les fonctions homographiques forment un groupe et conservent le birapport.

Donc $(M''_1\ M''_2\ M''_3\ M''_4) = (M'_1\ M'_2\ M'_3\ M'_4)$ $\qquad$ c.q.f.d.

Deuxième démonstration, gémométrique

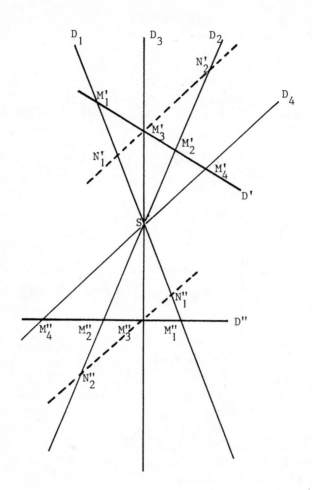

Traçons par M'_3 la parallèle à D_4, qui coupe D_1 et D_2 en N'_1 et N'_2.

Traçons par M''_3 la parallèle à D_4, qui coupe D_1 et D_2 en N''_1 et N''_2.

Soient R' et R" les deux birapports :

$$R' = (M'_1 \; M'_2 \; M'_3 \; M'_4) = \frac{\overline{M'_3 \; M'_1}}{\overline{M'_3 \; M'_2}} \times \frac{\overline{M'_4 \; M'_2}}{\overline{M'_3 \; M'_1}}$$

$$R'' = (M''_1 \, M''_2 \, M''_3 \, M''_4) = \frac{\overline{M''_3 \, M''_1}}{\overline{M''_3 \, M''_2}} \times \frac{\overline{M''_4 \, M''_2}}{\overline{M''_3 \, M''_1}}$$

On obtient :

$$\frac{\overline{M'_1 \, M'_3}}{\overline{M'_1 \, M'_4}} = \frac{\overline{N'_1 \, M'_3}}{\overline{SM'_4}} \quad \text{et} \quad \frac{\overline{M'_2 \, M'_4}}{\overline{M'_2 \, M'_3}} = \frac{\overline{SM'_4}}{\overline{N'_2 \, M'_3}}$$

donc $R' = \dfrac{\overline{N'_1 \, M'_3}}{\overline{N'_2 \, M'_3}}$ et $R'' = \dfrac{\overline{N''_1 \, M''_3}}{\overline{N''_2 \, M''_3}}$

et $R' = R''$ car les droites $(N'_1 \, M'_3 \, N'_2)$ et $(N''_1 \, M''_3 \, N''_2)$ sont parallèles.

4.2   Faisceaux harmoniques

4.2.1 Parallèle à un rayon

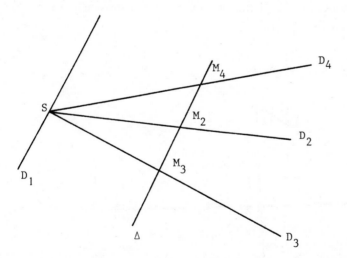

Δ_1 parallèle à D_1, coupe $D_3 D_2 D_4$ en $M_3 M_2 M_4$. Dans ce cas, on a convenu d'associer comme quatrième point le point à l'infini de D_1, soit M_1^∞. Le faisceau étant harmonique, on a :

$$(M_1^\infty \, M_2 \, M_3 \, M_4) = -1 \quad \text{et} \quad (M_1^\infty M_2 M_3 M_4) = \frac{\overline{M_3 \, M_2}}{\overline{M_4 \, M_2}} = -1$$

donc $\overline{M_3M_2} = -\overline{M_4M_2}$: M_2 est le milieu de M_3M_4.

Réciproquement : soit $D_1\ D_2\ D_3\ D_4$ un faisceau tel que tout parallèle à une droite du faisceau coupe les trois autres droites en trois points, dont l'un soit le milieu du segment formé par les deux autres. Le faisceau est-il harmonique ?

Si $M_2M_3M_4$ sont les points d'intersection des droites avec une parallèle à D_1 , on a alors :

$$M_1 \propto M_2M_3M_4 = \frac{\overline{M_3M_2}}{\overline{M_4M_2}} = -1$$

Ce birapport ne dépendant pas de la sécante, le faisceau est harmonique.

Soit $D_1D_2D_3D_4$ trois droites d'un faisceau. Pour tracer la droite D_2 qui soit telle que $D_1D_2D_3D_4$ soit un faisceau harmonique, on trace une parallèle quelconque Δ à D_1. Celle-ci coupe D_3 et D_4 en M_3M_4.

Soit M_2 le milieu de M_3M_4. La droite D_2 cherchée passe par M_2 et par le sommet   S   du faisceau.

4.2.2 Bissectrices d'un triangle

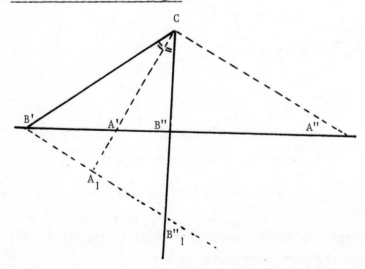

Soit un triangle   CB'B", et (CA',CA")   les bissectrices de l'angle C.

Examinons le faisceau (CB', CB", CA', CA"). Coupons ce faisceau par une sécante parallèle à CA" qui, passant par B' coupe CA' en A_1 et CB" en $B"_1$.

Alors le triangle $CB'B"_1$ est isocèle puisque sa hauteur A_1 est aussi bissectrice. Par conséquent CA_1 est aussi médiane et A_1 est le milieu de $B'_1 B"_1$: le faisceau est harmonique.

De même, si $(D_1 D_2 D_3 D_4)$ est harmonique, et si $(D_1 D_2)$ sont orthogonales, alors toute sécante parallèle à D_3 forme un triangle où la hauteur est aussi médiane, donc est isocèle, dont les droites considérées sont bissectrices.   c.q.f.d.

4.2.3 <u>Exercice</u>

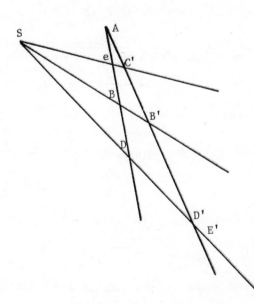

. Soit s'il existe S le point d'intersection de BB' et CC' ; SD coupe Δ' en E'. Alors (ABCD) = (A'B'C'D') car la perspective de sommet S conserve le birapport.

Mais $\left.\begin{array}{l}(ABCD) = \quad -1 \\ (A'B'C'D') = -1\end{array}\right\}$ par hypothèse

Donc (A'B'C'D') = (A'B'C'E'), donc E' = D'.

Les trois droites BB', CC', DD' sont concourantes en S.

. Supposons que BB', CC', DD' soient parallèles. On peut alors faire le même raisonnement que ci-dessus en traçant par D la parallèle à BB' et CC'.

4.2.4 <u>Question</u>

Peut-on, à partir du théorème de Mathesis, démontrer que tout triangle est équilatéral ?

5. CONSTRUCTION. PROBLEME

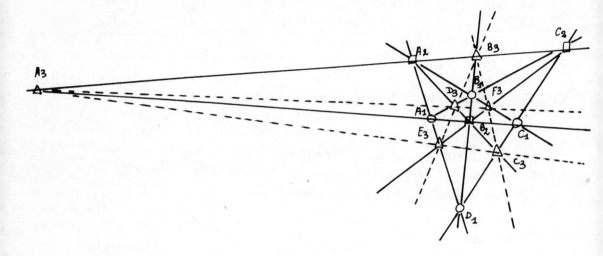

Première étape :   on a quatre points distincts marqués ⊙
$A_1 B_1 C_1 D_1$, et donc six droites (C_4^2).

A la seconde étape, les six droites se coupent en trois nouveaux
points marqués   ⊡ $A_2 B_2 C_2$.

A la troisième étape, on obtient six points marqués   A
$A_3 B_3 C_3 D_3 E_3 F_3$.

A la quatrième étape, on s'aperçoit que certains des points de
l'étape précédente sont alignés, par exemple $A_3 D_3 F_3$; $E_3 B_3 D_3$;
$B_3 F_3 C_3$; $A_3 E_3 C_3$. Pourquoi ?

On explique ceci par les propriétés du quadrilatère complet.

Quadrilatère complet. Définition 1

Si un point M est conjugué harmonique de S par rapport aux
points d'intersection d'une sécante menée de S avec D_1 et D_2, alors
M appartient au quatrième rayon du faisceau harmonique déterminé par
D_1 D_2 et OS : c'est une droite unique, qui passe par O, et qui est dite
polaire de S par rapport à D_1 et D_2.

Construction de la polaire

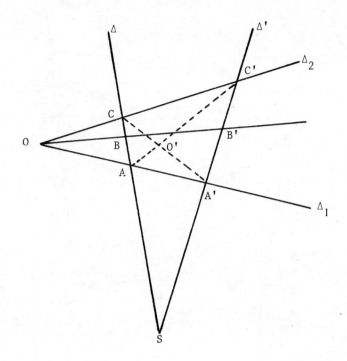

La figure ci-dessus est fausse à dessein.

Deux sécantes issues de S coupent Δ_1 et Δ_2 en A, A', C, C'.

Soient B et B' les conjugués harmoniques de S par rapport à AC et A'C'.

Soit $\{O'\}$ = (A'C') $\cap$ (AC')

(SBAC) = -1   (O'S ; O'B ; O'A ; O'C) = -1

(SB'A'C') = -1 (O'S ; O'B'; O'A'; O'C')= -1

Mais O'A' = O'C   et   O'A = O'C   et O'S = O'S

Les deux faisceaux harmoniques de sommet O' ont trois rayons communs : ils sont confondus et O'B = O'B'.

BB'O sont alignés : O' est sur la polaire de S.

Le théorème du quadrilatère complet est trivial si l'on considère la construction précédente de la polaire.

Problème ***

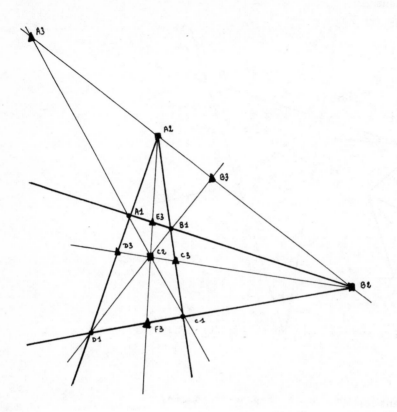

$(A_3 B_3 A_2 B_2) = (B_1 D_1 C_2 B_3) \quad = \quad (A_1 C_1 C_2 A_3) = -1$

$\Rightarrow (B_2 A_2 \; ; \; B_2 D_3 \; ; \; B_2 A_1 \; ; \; B_2 D_1) = -1$

$\Rightarrow E_3 A_2 \; ; \; E_3 D_3 \; ; \; E_3 A_1 \; ; \; E_3 D_1) = -1$

et $(E_2 C_2, \; E_3 B_3, \; E_3 B_1, \; E_3 D_1) = -1$

mais $E_3 A_2 = E_3 C_2$

$\quad E_3 A_1 = E_3 B_1$

d'où $E_3 D_3 = E_3 B_3$ c'est-à-dire $E_3 B_3 D_3$ alignés.   c.q.f.d.

EXERCICES

A) Soient deux faisceaux harmoniques de droites $(D_1 D_2 D_3 D_4)$ de sommet O et $(D_1 D'_2 D'_3 D'_4)$ de sommet O'.

D_2 et D'_2 se coupent en M_2 ; D_3 et D'_3 en M_3 ; D_4 et D'_4 en M_4. Montrer que $M_2 M_3 M_4$ sont alignés.

B) Soit ABC un triangle, $A'B'C'$ les pieds des hauteurs.

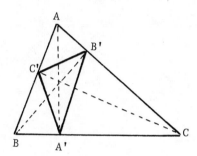

Montrer que les côtés et les hauteurs du triangle ABC sont les bissectrices du triangle $A'B'C'$.

Indication : on pourra supposer que les trois angles sont aigus ; sinon, que se passerait-il ?

C) Soit ABC un triangle, AA' la hauteur issue de A de longueur h_a.

Soit r le rayon du cercle inscrit et r_a le rayon du cercle exinscrit dans l'angle A.

Montrer que $\dfrac{2}{h_a} = \dfrac{1}{r} - \dfrac{1}{r_a}$.

C) Soit une droite D ; Δ une droite perpendiculaire à D la coupe en P. Soit N un point de Δ et M le milieu de NP. Soient P' et P'' deux points de D et Δ' et Δ'' les parallèles à Δ passant par P' et P''.

On pose :

$P''M \cap P''N = M'$ $P''M \cap \Delta' = N'$

$P'M \cap P''N = M''$ $P'M \cap \Delta'' = N''$.

Premièrement : montrer que $(P''M'MN') = (P'M''MN'') = -1$.

Deuxièmement : montrer que N' N'' et N sont alignés.

Troisièmement: montrer que la droite $M'M''$ passe par un point qui ne dépend pas de la position de P' et P'' sur D.

BIBLIOGRAPHIE

SUR L'ENSEIGNEMENT DES MATHEMATIQUES

(1) Bkouche R.   - Du programme d'Erlangen au programme de géométrie
                       des collèges (IREM de Lille)
                     - Axiomatique et Enseignement (IREM de Lille)
                     - Sur les nombres réels et le rapport à la géométrie
                       (IREM de Lille).

(2) Boisnard D.   - Rapport sur l'expérience OPC (IREM de Rennes)
    Gras R.

(3) Chevallard Y.   - Rapport sur le Deug A2 (IREM de Marseille)
                     - Rapport sur la recherche en IREM (IREM de Marseille)

(4) Dumont M.   - Sur l'enseignement des mathématiques (IREM de Rouen)
    Pasquis F.

(5) Leray J.   - Les mathématiques des enseignements élémentaires et
                       secondaires.
                       (Groupe de travail. Ministère de l'éducation)

(6) Ovaert J.L.   - Quelle philosophie et quelle vision des mathémati-
                       ques transmet-on aux futurs enseignants ?
                       (Actes du colloque de Grenoble 1978 - UER FOR SEC
                       Grenoble)

(7) Samuel   - Dans : Pourquoi la mathématique ?

(8) Sénéchal-Rozoy   - Rapport sur le Deug A1 (IREM de Caen)

SUR LA GEOMETRIE

(9)   - Actes du colloque "géométrie" (IREM de Nantes-1979)

(10) APMEP   - Géométrie au premier cycle (APMEP)

(11) Artin   - Algèbre géométrique (Gauthier-Villars)

(12) Berger   - Géométrie (Cedic)

[13] Bossard   - Rosaces - Frises - Pavages (Cedic)

[14] Bourbaki   - Eléments d'histoire des mathématiques (Hermann)

[15] Choquet   - L'enseignement de la géométrie (Hermann)

[16] Coxeter   - Geometry (Wiley)

[17] Coxeter   - Redécouvrons la géométrie (Dunod)
     Greitzer

[18] Delachet   - Géométrie élémentaire (PUF)
                        - Géométrie contemporaine (PUF)

[19] Dieudonné   - ALgèbre linéaire et géométrie élémentaire (Hermann)

[20] Esher   - L'œuvre graphique (ed. du Chene)

[21] Frenkel   - Géométrie pour l'élève-professeur (Hermann)

[22] Glaeser   - Mathématiques pour l'élève-professeur (Hermann)

[23] Godeaux   - Les géométries (A. Colin)

[24] Griffiths   - Surfaces (Cambridge)

[25] Hilbert and   - Geometry and the imagination (Chelsea)
     Cohn-Vossen

[26] Hilbert   - Les fondements de la géométrie (Dunod)

[27] Holden   - Formes - Espaces - Symétries (Cedic)

[28] Jacobs   - Mathematics : a human endeavor (Freeman)
                        - Geometry (Freeman)

[29] Klein   - Le programme d'Erlangen (Gauthier-Villars)

[30] Russo   - Articles de l'encyclopedia universalis

[31] Steinhauss   - Mathematical snapshots (Oxford)

[32] Weyl   - Symétries et mathématiques modernes (Flammarion)

[33]   - Et tous les traités, anciens et modernes, de
                          géométrie pour les élèves.

Imprimé en France
Imprimerie Chirat, 42540 Saint Just la pendue
Dépôt légal : quatrième trimestre 1979
Numéro d'édition 1398
Hermann, éditeurs des sciences et des arts